善待自己的每一天

幸福人生之前的8件事

100%與99%

8 Things Before Reaching Happiness

人生路途上，
很多事情都不在我們的掌握之中，
但是我們可以靈活地掌控自己，
及時扭轉方向，才能換來柳暗花明。

鑽牛角尖的堅持
已經不是被推崇的人生態度，
試著放鬆，試著改變，
別跟自己過不去。

培育文化 人與人 64

幸福人生之前的八件事：百分之百與百分之九十九

編著　王佳茹
責任編輯　廖美秀
美術編輯　蕭佩玲
封面設計　蕭佩玲

出版者　培育文化事業有限公司
信箱　yungjiuh@ms.45.hinet.net
地址　新北市汐止區大同路三段一九四號九樓之一
電話　（02）8647-3663
傳真　（02）8674-3660
劃撥帳號　18669219
CVS代理　美璟文化有限公司
TEL／(02)27239968
FAX／(02)27239668

總經銷：永續圖書有限公司
永續圖書線上購物網
www.foreverbooks.com.tw

法律顧問　方圓法律事務所　涂成樞律師
出版日期　2016年1月

國家圖書館出版品預行編目資料

幸福人生之前的八件事：百分之百與百分之九十九 /
王佳茹 編著. --初版.-- 新北市 : 培育文化,
民105.01　面 ; 公分. -- (人與人系列 ; 64)
ISBN 978-986-5862-73-2(平裝)
1.修身 2.生活指導
192.1　　104024573

Chapter 1

點燃熱情，生命因此而燦爛

人的生命是有限的，我們沒有辦法讓生命更長久，但是可以讓每一天都過得更有份量。生命的全部意義並不是你活了多少歲，而是在你短暫的人生中，曾經歷過哪些精彩。燦爛的生命是讓人羨慕的，但是怎樣才能令生命燦爛呢？那只有一條路就是——點燃生命熱情，讓熱情來觸發內在的潛能，讓我們在熱情的導引下不斷地超越自我。

Chapter 2

吃虧是福，吃小虧者皆福大

　　要知道吃虧其實是福氣，是常有的事，不需看得過重。

記住兩個重點：

一、以對方對待你的態度對待他。

二、設定讓步的底限。

底線之上不妨寬容，但是過了底線就一定堅持到底。同時具備堅定與靈活，不吃大虧也不亂吃虧。

Chapter 3

改變命運，從改變性格開始

羅曼．羅蘭說：「一個人的性格決定他的際遇。如果你喜歡保持自己的性格，那麼，你就無權拒絕自己的際遇。」

徐志摩也說：「我們自身就是造就自己命運的原因」。性格與命運關係著我們是否能夠過得幸福快樂，改變自己的性格，就是改變自己的命運。只要願意改變，人人都可以獲得幸福快樂的人生。

Chapter 4
克制慾望，讓心態永保青春

生活不可能按照我們的意願運轉，奢求得再多，不該是你的仍然不會屬於你。

慾望越多，生命就會顯得越發沉重。知足者常樂，能夠得到的就好好珍惜，並從中挖掘出滿足、自信和快樂。不能得到的就要學會放棄，不要自我折磨。

Chapter 5

肯定自己，世界因你而精彩

這個世界上沒有完美，正因如此這個世界才更顯真實，也正因如此斷臂的維納斯倍加美麗。一個人在面對自己失敗的時候，不可因沮喪而忘了自身的優點，因為失敗給了我們不斷完善自己的機會。我們應該學會肯定自己，在別人肯定你之前先試著自我肯定。

Chapter 6

換個方向，吃苦也算是吃甜

有一種糖，剛開始吃的時候，非常苦，可是只要堅持一會，外面的苦層化掉之後，剩下的部分就格外甜了。如果因為受不了苦味而早早把糖丟棄，那麼就嘗不到後面的甘甜。人生就是一塊苦味糖，先苦後甜，或者苦甜參半才是它真實的滋味。

Chapter 7

積極行動，把人生看做競技場

在人生的競技場上，只有積極行動的人，才能成為真正的贏家。在競爭的道路上，肯定不是一帆風順的，我們會遇到不如意和麻煩事，這個時候聰明的人不但不會一蹶不振，還會充滿自信，懷著堅定的意志，發揮自己的實力，在哪裡跌倒了就從哪裡爬起來。一個人有勇氣堅持方向，堅定地走自己的路，敢於夢想敢於實踐，就是一個很了不起的人。在適當的幫助下，他就一定能夠活出自己的精彩，在人生這個競技場上成為當之無愧的冠軍。

生命本身才是最珍貴的，
沒有什麼能比快樂的人生更值得你去爭取。

生命是多姿多彩的，
該用什麼方式過生活沒有標準答案，

什麼是成功？
不是財源廣進，也不是位高權重。

世界上只有一種成功：
那就是按照你自己的意願去度過一生。

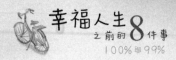

Chapter 01

點燃熱情，生命因此而燦爛

人的生命是有限的，我們沒有辦法讓生命更長久，
但是可以讓每一天都過得更有份量。
生命的全部意義並不是你活了多少歲，
而是在你短暫的人生中，曾經歷過哪些精彩。
燦爛的生命是讓人羨慕的，但是怎樣才能令生命燦爛呢？
那只有一條路就是——點燃生命熱情，
讓熱情來觸發內在的潛能，
讓我們在熱情的導引下不斷地超越自我。

熱情比能力更重要

▼熱情會讓人一步步走向成功，釋放他們的才華。

很多人認為能力是取得職場成功的首要條件，其實並非如此，世界級企業的選人標準在於是否具有工作熱情，他們認為對工作熱情，才是一個人最重要的籌碼。

「有熱情、講誠信、敬業……」這是某著名企業，在舉行校園招聘活動時，首席執行長認為應聘者應該具有的理想特質。

「有熱情、講誠信、敬業」、「具備較強的學習能力」、「應變能力強，容易適應工作環境」、「對事業執著」這些和專業知識不相關的要求，被明確列入了招聘條件中，有沒有注意到，「有熱情」就放在第一項。現在的企業越來越注重員工的工作態度，因為他們知道，熱情比能力更重要。

熱情為什麼具有這麼巨大的力量呢？因為數百年來，熱情是很多人取得成功的重要條件，每位成功者的身上總是充滿熱情。任何人，只要具備了這個條件，都已經拿到成功的入場券。

同樣在一個公司裡也是這樣，辦公室、商店、工廠裡，隨處可見一些職員散漫拖延，似乎連走路都要費很大的勁，讓人覺得，對他們來說生活是一個沉重的負擔。

他們厭惡自己的工作，希望一切都快些結束，他們根本就不清楚，為什麼別人能充滿熱情，幹勁十足，自己卻總是覺得不管什麼事情都乏味無聊。看著這樣的職員工作，簡直就是受罪，他們憤世嫉俗。

而那些充滿樂觀精神、積極上進的員工，做什麼事情都是幹勁十足，神情專注，心情愉快，自己創造機會、把握機會，一心想把任務做得更好更完美。面對工作的各種不同態度：或認真負責，或充滿熱情，或不冷不熱，或專注投入，或冷漠淡然，其最終的結果有著天壤之別。

每一個上司會自然而然地認為，兢兢業業，神情專注，充滿熱情的員工更加值得信任。每一次提升對他們都是莫大的鼓勵。這些員工的積極心態也往往會感染他的上司，上司也知道，這樣的下屬在竭盡全力幫助自己，並且對那些散漫拖延的員工也是一種激勵。所以，他會自覺地與有良好心態的員工在一起，關心他們的生活，對那些不專心工作，逃避責任，不注重績效的員工，產生本能的排斥。

即使你能力比別人稍遜一籌，但是只要你對任何一件小事，任何一個細節，都認真對待、關注，每做一件事情都竭盡心力投入，充滿熱情，那麼，你終究有一天會成功的。

在一般人眼裡，漢夫雷．戴維肯定算不上命運的寵兒。由於出身貧寒，他接受教育和獲得知識的機會有限。然而，他是一個勤奮刻苦的年輕人，當他在藥店工作時，他甚至把舊的平底鍋、熱水壺和各式各樣的瓶子都拿來做實驗，充滿熱情地追求著科學和真理。皇天不負苦心人，後來，他以電化學創始人的身份出任英國皇家學會的會長。

就是如此，熱情會讓人一步步走向成功，釋放他們的才華。令人惋惜的是，大部分有能力的青年人在尋找自我發展機會時，常常這樣問自己：「做這種平凡乏味的工作，有什麼希望呢？」然而平凡乏味的工作，也會讓一個人不斷取得成功。

年輕的約翰·沃納梅克每天都要徒步四公里到費城，在那裡的一家書店裡打工，每週的報酬是一美元，但他依然滿懷熱情地工作著。後來，他又轉到一家成衣廠工作，每週增加了二十五美分的工資。從這樣的起點開始，他不斷地向上爬，最終成為了美國最大的商人之一。一八八九年，他被哈里遜總統任命為郵政總局局長。

在亞洲，我聽過這樣一個年輕人的故事：

一個發音很不標準的年輕人到一家電子公司應聘，他坦白這一行業對他來說，完全是一個陌生的行業，但他希望經理給他一個機會，他想成功：「先生您好，我『金』的希望能夠在電訊『素』業中成功。」經理雖然對他的形象不滿意，但感慨於他對成功的渴望，最後決定給他一個機會，讓他做公司的推銷人員。給了他一些基礎訓練之後，經理告訴他，如果他每個月拜訪一百個潛在客戶，他大約就可以賣出四組小型電話系統。每賣四組，他就可以賺五千元。

年輕人在一張紙上寫下了四個目標：

一、我要做個成功的生意人。

二、我每個月要拜訪一百個人。

三、我每個月要賣四組電話系統。

四、我每個月要賺五千元。

他把這張紙貼在座位前面的牆上，便開始了工作。

第一個月結束，他並非賣掉四組電話系統。在他當上銷售員的頭十天，他就賣出七組電話系統。第一年，他賺的並不是六萬佣金，他的佣金竟超過三十六萬元。三年後，他就擁有了這家電訊公司的一半股份。又過了幾年，他又擁有了其他三家公司。

這個年輕人為什麼能成功？他不是電訊事業的專業銷售員，甚至不具備我們所說的理想僱員的要件，除了他百分之百渴望成功的目標以及對工作的熱情，他一無所有。因為，熱情比能力更重要。

熱情才能激發潛能

▼當你充滿熱情並每天鼓勵自己的時候，內心的力量開始變得強大，任何的困難都變得那麼渺小。

一日，在電視上看到一位媒體人說：「十年前，我的夢想是成為體操冠軍；在發生意外之後，我的夢想是成為一名傳媒人才，製作更多有影響力的節目。」

主持人很好奇地問，是什麼讓你選擇這條困難的路？

她說：「不是家人，不是朋友，也不是社會，而是我自己的決定。」

她所說的這句話深深地撼動了我。事實上，人的潛能開發完全來自於我們自己！我們一生的軌跡會因為我們作的一個小決定而改變，而當我們充滿熱情面對人生的時候，我們就能夠把自己的潛能完全釋放出來。

內心的力量有多巨大？它可以使人奮發圖強，取得事業或生活的成功；它同樣可以使人喪失生活的勇氣。這就是為什麼世界各個角落每一分鐘都有惹人注意的成就出現，也是為什麼每一分鐘世界的某個角落就會有人痛苦自殺的原因。但是，這種力量只有你自己才能駕馭自如。

如果你看過電影《刺激1995》(The Shawshank Redemption)的話，你一定也感慨於內心力量的巨大。在影片中，年輕的銀行家因涉嫌謀殺自己的妻子被判決罪名成立，送往美國的監獄終身監禁。他外表看似懦弱，但內心堅定，從進監獄的那天開始就決定一定要離開這裡。

那個監獄是當時最黑暗的監獄，典獄長利用罪犯做苦役，為自己撈了不少好處。獄警對囚犯任意刑罰，甚至將囚犯活活打死！面對這樣的環境，他沒有自甘墮落，他辦監獄圖書室，為囚犯播放美妙的音樂，還利用自己的知識幫助大家打點財務。典獄長很快地發現了他的特長，並要求他幫助自己洗黑錢做假帳。在監獄的黑暗生活裡，他從未放棄過對自由，還有對美好生活的追求，十年的時間他一步步實現計劃，逃離了監獄。

當你充滿熱情並每天鼓勵自己的時候，內心的力量開始變得強大，任何的困難都變得那麼渺小。

二十三年前，王石只是一位從鄉下來到了繁華城市工作的青年，他和其他人一樣，帶著淘金夢想來到這片土地，懷裡揣著的只有簡單的行囊和滿腔的熱情，連他自己也沒有想過，二十三年之後，他會躋身地產大亨之列。這個當年當過兵、做過工人，還在政府機關當過三年公務員的小人物，收購過玉米，做過小生意。如今，這個地產公司，已經成為房地產第一品牌。小人物現在已經是一個集團的執行長了，但王石卻沒有顯露出滿足：「如果用珠峰來比喻一個企業，八千八百四十四點四三公尺的高度，萬科集團充其量還在六千五百公尺的山腰上，而這個高度只是攀登珠峰的前進營地而已。」除了事業，他還開始了新一輪的自我挑戰，二〇〇三年，他成功攀登了世界最高峰珠峰，二〇〇四年，他完成了世界七大洲最高峰的攀登。

他說：「登山是人生的縮影，我要繼續攀登的，就是每個人心中那座山峰。」這種姿態，無論身為企業家還是探險家，始終貫穿著王石的意志力。

他還告訴記者，他今年準備再登上兩座山峰——印尼查亞峰和世界第六高峰卓奧友峰，而且他還計劃六十歲時再次攀登珠峰。

我們每個人都有自己想要到達的山峰，這些山峰形形色色，到達山峰的頂端沒有捷徑，只能一步步攀登。但是，關鍵的一點是，你可以考慮把你的工作和生活目標提高一下，這樣你攀登的速度會大大提高。

例如你碰到一項工作，現在的你覺得最快在三個小時內可以完成。那麼我要求你改為兩個小時，在這樣一個新的目標下，集中精力釋放自我的潛力，那麼當你在兩個小時之內完成了工作，你會重新認識自己，你會覺得你原來認為的三小時工作時間是極端錯誤的。你會為此感到振奮，如果你經常能找到新目標並且超越原來的界限，那麼你成功的機率將迅速加快。

你現在可以開始進行很重要的事情，就是把原來的界限提高一個刻度，經過自己的努力打破原來的界限。目的在於，當你的自信心達到一定的高度時，你根本不需要想任何界限，而是自動有效率地實現你的長遠目標。

在幾年前，我認識一個叫馬丁的銷售經理，當時他希望第一年就得到十萬美元的佣金。結果實現了，實際上他得到了十一萬美元。第二年他計劃賺十二萬，也超過了預期目標。五年後我在機場遇見他，他帶著太太和兩個兒子正要去海島度假，我問他的工作怎麼樣了。

他說：「好極了！每年的遞增額是一萬美元，從來沒有落空。今年打算賺十七萬，看來目標也不會落空。」

我對他說：「如果把幅度調整到每年增加兩萬美元，你看行嗎？瞧，你一直是如願以償，看樣子睡眠也充足，並不像勞累不堪的樣子。把你每天的電話數增加一倍，不也有足夠的時間嗎？」

他想了一會，表示會考慮我的意見。

一年後，馬丁打了一通電話給我，他的年收入真的遞增了兩萬元。

我們無法讓生命更長久，但可以讓日子更有份量

▼人也能給工作尊嚴！沒有不重要的工作，只有看不起自己工作的人。

生命對我們每一個人而言就只有一次，我們無法乞求更長久的生命，但是我們可以擁有更多彩的生活，更充實的人生旅程。我可以在這個過程中，遇到不同的人，感受不同的生命，幻想不同的故事，羨慕不同的經歷，挖掘不同的人性，可以更充分地去體驗生命中的悲喜，讓我們的日子更有份量。

沒有人能阻止你有份量的過生活，關鍵是在每一天結束的時候，你捫心自問：「我做了什麼有意義的事？」

著名作家、商界領袖弗雷德・史密斯根據自己多年的管理經驗得出結論：「大多數人都渴望展現自身的價值。」

馬丁・路德・金說：「如果一個人是清潔工，那麼他就應該像米開朗基羅繪畫、像貝多芬譜曲、像莎士比亞寫詩那樣，以同樣的心情來清掃街道。他的工作如此出色，以至於居民都會對他注目讚美：『瞧，這兒有一位偉大的清潔工，他的工作真是做得無與倫比的好！』」

我們很少聽到的是：人也能給工作尊嚴！沒有不重要的工作，只有看不起自己工作的人。可能正是基於這一點，《富比世》雜誌的創始人、傳奇人物富比世先生才會說出這樣一番話：「做一個一流的卡車司機，比作一個不入流的經理，更為光榮，更有滿足感。」

我就見過一兩位計程車司機，他們對自己的工作充滿熱情，我也見到一些高層經理，已經完全失去了進取的動力。職位從來不能決定一個人的表現，反倒是工作表現，最終會決定一個人在生活中的地位。這是因為，地位取決於行動的結果，而不是頭腦中的想法。關鍵就是，行動起來要真正去做那些其他人往往只在口頭上說說而已的事！

多年來，我見過許多人，為自己的工作憂心忡忡，擔心自己成為裁員的目標。他們不知道在未來的幾個月內，是否能保住自己的工作。

我總是告訴他們，停止這一類的擔憂，一般來講，他們聽得進我的建議。當然，這樣說好像是出於事不關己的冷漠，也許他們聽起來感到格外刺耳。但事實上，我只是盡力讓他們把注意力從工作轉移到自己的能力上。

當今的高中或大學畢業生，職業生涯中難免都要有若干次失業的經歷。但只要一個人具有「可僱用性」，失業就一定是臨時的、短暫的。「可僱用性」是指具備任何僱主都會欣賞和需要的一套技能，不論是在何種行業，處於什麼位置。

那麼是什麼技能使人具有可僱用性呢？能夠增強可僱用性的技能有很多，但我相信，其中最為重要的一條是：靠著不增加額外支出，為客戶和同事、老闆創造價值的能力。

在阿肯色州一家極為普通的鄉下小旅館，發生了一件對哈克影響巨大的事情，這件事情使哈克成為一個百萬富翁、青年才俊、酒店業界精英。原來有一天阿肯色州鄉村下起了滂沱大雨，這雨一直下了一整天，哈克那天恰好在旅館當值，他哼著歌看著眼前的大雨。忽然，前方的鄉間道路上駛來一輛汽車，小汽車在旅館前猛然地停下，從汽車上走下兩個老人，好像是一對夫婦，這對夫婦蹣跚地走進小旅館。兩個老人在櫃檯前停下，要求哈克幫他準備一間雙人房，對旅館的情況瞭如指掌的哈克馬上就答應了他們，並在他們擦去身上的雨水之後帶他們來到一間精緻的雙人房。看了看房間，兩位老人很滿意就答應下來。按照小旅館的規定，旅客在住宿之前要先在櫃台結清費用，並登記證件，那間雙人房一天需要二十美元，當哈克向兩位老人要求先結帳時，夫婦倆拿出信用卡要求哈克刷卡，可是小旅館並不接受信用卡。哈克十分為難地告訴了老夫婦，兩位老人看著外面的大雨，不禁發起愁來。然而，哈克卻熱情地告訴夫婦倆，他們可以先登記，等雨停了再出去領錢來結帳。就這樣，兩位老人在小旅館落了腳，躲過了這場大雨。第二天雨一停，兩位老人就離開了小旅館。

事實上，為了讓兩位老人躲雨，同時不破壞旅館的經營制度，哈克用自己的錢為夫婦倆墊付了房費。三天後，那兩位老人親自駕著車前來將二十美元的房費還給哈克，但是兩位老人並沒有就這樣離開，他們向哈克正式自我介紹，哈克這才知道，原來老夫婦是香格里拉酒店集團的股東，在波士頓擁有一家香格里拉酒店，現在正好需要一名部門經理，他們希望哈克能夠接受他們的邀請，加入集團的工作團隊。三天後，初次來到波士頓的哈克成為著名香格里拉大酒店的部門經理，四年後，他升任為這家酒店的總經理。

哈克的善良和真誠，不僅給兩位老人帶來了深深的溫暖，也為自己的人生迎來更為廣闊的天空。我們一定要謹記在心中，只要經過我們的付出和努力，每一天我們的日子將過得更加有份量。

充滿熱情，自我超越

▼工作中最大的獎勵不是來自財富的積累和地位的提升，而是由熱情所帶來，精神上的滿足。

每個人來到這世上，都希望能發展出輝煌的成就，創造出有個性的自我，希望自己的學識，風度得到別人的賞識與讚美，但並不是每個人都能在燈光閃爍的舞台上神采飛揚，在領獎台上感受所有的讚揚。

平凡的我們，更要充滿熱情的工作、生活，實現並超越我們自身的極限。

一位九二一大地震的倖存者說：「地震當晚，就在我們住的房子倒塌的那一刻，一塊巨大的鋼板重重地向一對年輕夫婦的頭上砸來。

夫婦兩人臨危不懼，一起拚命地用血肉之軀撐起了那塊千斤鋼板。只因為在他們的身體下，還有一個嬰兒。

當救難隊員把他們的孩子從鋼板下抱走那一剎那，鋼板再一次倒下，夫婦倆被壓死在下面。

事後有專家估算了那塊鋼板的重量，至少有兩噸重！而今天世界的舉重冠軍能舉起最重的重量，也不過只有三百公斤！也就是說，夫婦兩人用雙手舉起的重量，比世界冠軍舉起的重量還要重了七八倍！」

還有一位母親，有一天到自家樓下附近跟鄰居買菜。正當她往回走，離家只有十幾公尺的地方，在十二樓年僅兩歲的女兒看見媽媽回來，立刻趴在陽台上向媽媽招手。

孩子身體探出窗口，一不小心突然摔下樓去。那位母親急了，使出全身力氣向孩子跌下來的方向衝過去。就在孩子落地的那一瞬間，母親精準地一把接住了孩子，這令人不得不承認是個奇蹟。

事後人們做了同樣的實驗：讓一隊消防隊員從離那座公寓十幾公尺的地

方跑去，將一個與孩子同樣重量的物體從高度相同的地方墜下，看看是否消防隊員接得住這個物體，結果沒有一個消防隊員能辨得到。

這是為什麼？因為身為母親飛奔去接的，是她的孩子，是比她生命還要重要的寶貝，是能夠激起她強烈的母愛——一種偉大精神力量的孩子；而消防隊員接的只是一個普通的物體，一個不能使他爆發出任何精神力量的物體。

試想：一對尋常年輕夫婦的力氣，怎麼會比世界冠軍舉起的重量還要高出好幾倍？一位柔弱的母親怎麼會比一群強壯的、受過嚴格訓練的消防隊員跑得還快！這就是美國偉大的哲學家愛默生所說的：「不傾注熱情，休想成就豐功偉績。」

熱情是工作的靈魂，是一種能把全身每一個細胞都調動起來的力量，是不斷鞭策和激勵我們向前奮進的動力。

在所有偉大事蹟成就的過程中，熱情是最具有活力的因素，可使我們不懼現實中的重重困難。

每一項發明，每一個工作業績，無不是熱情創造出來的，熱情是工作的靈魂，甚至就是工作本身。

比爾・蓋茲有句名言：「每天早晨醒來，一想到所從事的工作和所開發的技術將會給人類生活帶來巨大的影響和變化，我就感到無比興奮和激動。」

比爾・蓋茲這句話闡釋了他對工作的熱情。在他看來，一個成就事業的人，最重要的素質是對工作的熱情，而不是能力、責任及其他，雖然它們也不可或缺。

他的理念，成為微軟文化的核心信念，像地基一樣讓微軟王國在資訊科技世界建立起堅固的高樓，傲視群雄。

一個人在工作時，如果能以精進不息的精神，火焰般的熱忱，充分發揮自己的特長，那麼即使是做最平凡的工作，也能成為最精巧的工人；如果以冷淡的態度去做，哪怕是最高尚的工作，也不過是個平庸的工匠。

當你滿懷熱情地工作，並努力使自己的老闆和顧客滿意時，你所獲得的利益會增加。而工作中最巨大的獎勵還不是來自財富的積累和地位的提升，而是由熱情所帶來，精神上的滿足。

聽過這樣一個故事：從前有四個旅行者，他們一起尋找傳說中神奇的仙果，他們懷著不同的願望，但都為了一個目的同時出發，他們歷辛艱苦，互相攙扶，互相鼓動，艱難地踩著每一個腳步。

歲月的刻刀磨去了他們的年少輕狂，在他們的額頭眼角刻下滄桑，他們開始衰老。他們中有三個人放棄了，可是其中的一個人卻不願休息，一次次挑戰極限，死裡逃生，五十年如一日不停地在追尋著。

終於有一天，他踏上了一塊平地，他的手和臉已經蒼老得失去了知覺，只有一顆心依然頑強跳動，他看不明聽不清，只能用心細細地感覺這片土地，聞到葉子的清香，花朵的濃烈，果實的馥郁。他吃力地摘下一枚果實，咬了一口，奇蹟出現了，他清晰地看見果樹成行。

只有親自摘採品嚐新鮮的仙果，才是最大的收穫。

那三位半途而廢的同行者聽說了他的故事，面面相覷，是後悔自己的不夠堅持還是懊惱沒有挑戰自己，他們放棄了，好後悔！這是因為沒有充滿熱情地挑戰自己。

讓熱情之火在你的心中熊熊燃燒吧，它會讓你時刻充滿了熱情與力量，會讓你的生活變得充滿樂趣，會讓你的生命充滿朝氣。

熱情讓我們點燃心靈之火，熱情讓我們擁有生命。

如果沒有心靈之火，沒有生活熱情，沒有工作熱情，沒有家庭熱情，沒有開創未來的熱情，怎麼能期望別人對我們的生活、工作、家庭和未來充滿熱情！

能完成百分之百，就不完成百分之九十九

▼「要求完美是給自己找麻煩」。實際上這種執著是一種責任心，完美精神鞭策我們在做任何事都要盡職盡責。

能完成百分之百，就絕不僅只完成百分之九十九，表達的是一種崇高的工作品質和大公無私的工作態度；展現的是勤奮、敬業、忠誠、服從和執行等各方面近乎完美的綜合素質。

老板需要的就是他們——把自己的榮辱與公司的興衰融為一體的優秀人才。員工也唯有這樣做，才能把自己從一般職員提升到卓越的高度，也才能讓老闆滿意。

常聽到一句戲言「要求完美是給自己找麻煩」。實際上這種執著是一種責任心，完美精神鞭策我們在做任何事都要盡職盡責。

日本從二次世界大戰以後，經濟迅速崛起，其要點之一是責任心和使命感造就了一批在工作中嚴格要求自己的員工，能做到最好，就不會允許自己只做到次好，能完成百分之百，就不會只完成百分之九十九，全力以赴，不遺餘力地完成各項工作。

記住，這是你的工作！既然選擇了這個職業，選擇了這個公司，就必須接受它的全部，而不僅僅只享受它給你帶來的益處和榮譽。記住，這是你的工作！不要忘記工作賦予你的責任和使命。一個對工作不負責任的人，是體驗不到工作有多快樂的。

工作中出現的問題，有時只是一些細節、小事上做的不夠完全到位，而正是這些細節的不到位，常常會造成較大的影響。對很多事情來說，執行上的一點點差距，往往會導致結果上出現很大的差別。很多執行者工作沒有做到位，甚至很多人做到了百分之九十九，就差百分之一，但就是這點細微的區別使他們在事業上很難取得突破和成功。

一位管理專家一針見血地指出，從手中溜走百分之一的不合格，到消費者手中就是百分之百的不合格。有一個例子可以說明差百分之一的後果到底有多嚴重：

巴西海順遠洋運輸公司「環大西洋」號海輪是艘性能先進的船，但在一次海難中沉沒了，二十一名船員全部遇難。

當救難人員到達出事地點時，望著平靜的大海，誰也想不明白，在這個海況極好的地方到底發生過什麼事。這時有人發現救生台下面綁著一個密封的瓶子，裡面有一張紙條，二十一種筆跡，上面記載著從水手、大副、二副、管輪、電工、廚師、醫生、船長的留言：有的是私自買了一個檯燈用來照明，有的是發現消防警報器誤報，拆掉後卻沒有及時更換，有的是發現救生閥施放器有問題而把救生閥綁了起來，有的是例行檢查不完全，有的是值班時跑到餐廳去休息……

最後是船長麥凱姆寫的話：發現火災時，一切已經很嚴重了，我們沒有辦法控制火勢，而且火越來越大，直到整條船上都是火。我們每個人都犯了一點點錯誤，但釀成了船毀人亡的大錯。

一點點的執行不力，最終可以導致一條性能良好的海輪沉沒，同樣可以毀掉一個本來運轉良好的公司！任何事情，只有做到百分之百才是合格，百分之九十九都是不合格。

你的老闆，你的客戶肯定會對你提出這樣的要求，他們希望你能夠做出百分之一百品質的工作。他們把重要的工作委任予你，是對你的充分信任，同時是對你的尊重。

然而，無數安於現狀的員工，當他們達到百分之九十九的合格率，甚至低於這一合格率時，就沾沾自喜了，這是一種不負責任的態度。你想想，百分之九十九的工作完成品質在以下這些場合意味著什麼。

它意味著：

每個月供應十個小時不安全的飲用水。

每天在當地國際機場兩次不安全的著陸。

每個小時丟掉十六萬封信件。

每年二十萬份開錯藥的處方。

每週五百次不成功的外科手術。

每天由醫生遺棄五百個新生嬰兒。

每個小時有兩百二十份支票從錯誤的帳戶裡扣了錢。

每年你的心臟停止跳動三萬兩千次！

現在你明白為什麼百分之百這麼重要了吧？如果你做的每件事都能達到百分之百的完美，你的生活和整個世界都將變得何其美好！想想看吧。

百分之百執行的另一個意義是：結果決定一切。即使你在工作中付出了很多努力，但是最終沒有完成任務，你必須明白，自己需要做的事情不是向別人抱怨自己有多累，而是要認真反省，看是不是有什麼更好的方法可以完成任務。

以結果來評判執行力，是對一個人執行力的最佳評價。百分之百執行，是所有人都必須牢記在心的話。

做到以下三點可以幫助你實現百分之百執行：

第一，你要牢記使命。很多人之所以不能做到百分之百執行，一個很重要的原因就在於，他常常忘記了自己肩負的任務。就像那艘沉船上的海員，如果都能夠記住自己的使命，也就不會導致悲劇發生了。

第二，一定要嚴格要求自己。如果你只是希望在一個公司裡混，能夠保住飯碗，而不去上進，那麼你很難做到百分之百執行。一個人成功與否在於他是不是做什麼都力求做到最好。成功者無論從事什麼工作，他都絕對不會輕率疏忽。因此，在工作中你應該以最高的規格要求自己。能做到最好，就必須做到最好。

第三，要做到盡力而為。在很多時候，你之所以沒有做到百分之百執行，原因不在於你的專業能力不夠，而是你沒有竭盡全力。

每天做一件你不想做的事

▼工作中沒有輕重之分，你必須強迫自己，讓自己完成那些最難啃的骨頭。

每天做一件你不想做的事或你感覺不自在的事。這因人而異，但每天總有一些我們能開始做的事情。

例如，你可能不願去游泳池——害怕每個人都會看你——但還是堅持要去。很快你就會產生自信，而且完全消除畏懼心理。接下來把注意力轉移到一些更讓我們害怕的大事上去。無所畏懼的生活會給我們帶來自信，別人是可以看得到的。不要在我們周圍築牆，而是要把它拆除。

德國人習慣將「不用，就生鏽」這句話刻在鑰匙上——這句話不僅適用於鐵，更適用於人。

左拉曾經說過：「世界上最偉大的法則就是工作，工作使有生命的事物緩慢而有條不紊地朝著自己的目標前進。」這就是自然的法則，任何事物一旦不再運行，就一定會停滯。

在整個宇宙中，所有事物都根據自身的規律永不休止地運行著。與其他事物相比，人比其他生物顯得更為游手好閒。只有工作中人們才能發現自己存在的意義，和生活的意義，否則我們會很空洞。

現在是晚上十點鐘，我心裡響起：「我今天太累了，明天再說吧。」然而另外一個更堅定的聲音在說：「你在找藉口吧？堅韌不拔的人從不說這樣的話！」

為自己尋找藉口，似乎已經成為人們日常生活中經常發生的事情。我們也經常在這些人當中發現自己的身影。

在他們看來，成功實在是太難，藉口卻可以找出成百上千：

「我缺少比爾・蓋茲的智慧；李嘉誠的機遇；巴菲特的眼光……」

今天太累了，明天再說吧；

還可以這樣創業？我沒試過，不相信這樣也行；

我怎麼能和他比，我沒上大學，又沒有受過專業培訓；

他們真是太能幹了，我無能為力；

但願上帝給我一個好機會；……

很多人都曾經說過類似的話。但是有些人看到藉口在悄悄地吞噬堅忍不拔的特質時，他們毫不猶豫地拋棄了藉口！

當另一些人需要付出勞動時，總會找出一些藉口來安慰自己，總想讓自己輕鬆些、舒服些。還有一些人患上了「總有一天」症候群：

「總有一天我會成為一個出色的人，那時，我將開始按照自己的方式生活……總有一天，在償清所有貸款之後，財務狀況會走上正軌，孩子們也會長大，那時，我將開著新車，開始令人激動的全球旅行……總有一天我將買輛漂亮的汽車開回家，並開始環遊世界，去看一看所有該看的東西……總有一天……」

從來沒有哪一個人是靠這種拖延和幻想登上成功的金字塔，成功者所憑藉的，無一例外是堅忍不拔的毅力，和超出常人的努力！

大家對達爾文多多少少都有一點瞭解，長頸鹿的脖子不是天生就那麼長，魚也不是天生就沒有四肢，如果我們不再使用某些器官，它們就會開始衰退。只有投入使用中，大自然才會賦予它們力量，要知道，只有我們自己的東西才是我們真正能支配的東西，如果不加以利用的話，大自然就會將它剝奪。

所以，當羅馬國王也在田間耕作的年代，羅馬是全世界最強大的國家。但是到後來，普通工匠和在田間辛勤勞動的農夫淪為了奴隸，連亞里士多德都說：「管理有序的國家不應該有技工，因為他們不可能做出任何值得稱頌的事情，有些人天生就是奴隸。」連當時思想最開放的西塞羅都這樣說：「手工勞動者從事的工作是卑賤的，在工廠裡沒有任何高尚的工作。」當這樣的思想在統治者，或者所謂的社會精英們的腦袋中合理化後，他們的國家最後會有什麼樣的命運呢？答案就是他們很快就像朽木那樣沒有了力量，永遠地從地球上消失了。從這些活生生的歷史事實中，難道我們不該吸取點教訓嗎？

永恆的智慧亙古長存。雨後的彩虹才顯得更為美麗，雪中的梅花散發的香氣更加迷人。無論是多麼單調的工作，只要我們從早到晚，不管陰天還是晴天，也不管是不是受到牙疼、頭疼或心病的困擾——每天都必須到達指定的地方，在堅持工作八到十個小時後完成自己任內所分配的，甚或超出分內的任務之後，回到家，躺在床上，相信你也有同感，因為這時候的休息是最甜美最愜意的。無論做什麼事情，我們都要付出辛勤的代價，承受單調乏味、日復一日的工作，久而久之，我們就會培養起諸如專心致志、毫不拖延、精益求精、堅定不移、隱忍執著等種種優秀的人格特質，而這些，對於一個人的成功來說都是必不可少的。

工作中沒有輕重之分，即使很枯燥，很乏味，但只要是上司派下來的任務，你都應該為此努力。你必須強迫自己，讓自己完成那些最難啃的骨頭。

開學第一天，蘇格拉底對他的學生說：「今天我們來學一件最容易的事，請每個人把胳膊盡量往前甩，然後再盡量往後甩，並且從今天開始，每天做三百下，大家能做到嗎？」蘇格拉底邊說邊做示範。

幾乎所有的學生都笑了，大家都想這麼簡單的事，怎麼可能做不到呢？

一個月後，蘇格拉底來到教室，他問學生們：「堅持每天甩手的請舉手」，結果百分之九十的學生都舉起了手。又一個月過去了，蘇格拉底又問，這次舉手的學生只有百分之八十。

一年後，有一天蘇格拉底在上課前又問了學生：「請告訴我，最容易的甩手運動，還有哪些同學堅持每天都有做的，請舉手。」結果，整個教室只有一個人舉起了手！這個學生就是後來成為古希臘另一位著名哲學家的柏拉圖。

每天做一件你不想做的事吧，世上最難做的事，只要願意做，就會成為最容易的事，因為能夠做到並持之以恆的人很少，因此成為最難的事。

Chapter 02

吃虧是福，
吃小虧者皆福大

要知道吃虧其實是福氣，

是常有的事，不需要看得過重。

記住兩個重點：

一、以對方對待你的態度對待他。

二、設定讓步的底限。

底線之上不妨寬容，但是過了底線就一定堅持到底。

同時具備堅定與靈活，不吃大虧也不亂吃虧。

小虧可吃，大虧不吃

▼鄭板橋先生的名言就是：吃虧是福！

東漢時期，有一個在朝官吏名叫甄宇，時任太學博士。他為人忠厚，遇事謙讓。有一次，皇上把外番進貢的一群活羊賞賜給在朝的官吏，要他們每人得一隻。

說得簡單，負責分羊的官吏這下卻傷腦筋了：這群羊大小不一肥瘦不均怎麼分呢？怎麼做群臣才不會有異議呢？

這時，大臣們七嘴八舌的討論起來。

有人說：「把羊全部殺掉吧，然後肥瘦搭配，每人均分一份。」

有人說：「乾脆抽籤分羊，好不好全憑運氣。」

就在大家七嘴八舌爭論不休時，甄宇站出來了，他說：「分隻羊不是很簡單嗎？依我看，大家隨便牽一隻羊走不就可以了嗎？」說完，他就牽了一隻最瘦小的羊走了。

看到甄宇牽了最瘦小的羊走，其他的大臣也不好意思專牽最肥壯的羊，於是，大家都揀最小的羊牽，很快，羊都被牽光了。

每個人都沒有怨言。後來，這事傳到了光武帝耳中，甄宇因此得了「瘦羊博士」的美譽，稱頌朝野。不久，在群臣的推舉下，甄宇又被朝廷提拔為太學博士院院長。

從表面上看，甄宇牽走瘦小的小羊好像明顯吃了虧，但是他卻得到了群臣的擁戴，皇上的器重。這樣看來，甄宇得到的，其實比失去的要多了好幾倍。故意吃虧不是虧，反而是深謀遠慮的精明之舉。

吃小虧佔大便宜，古今亦然。

那麼，回到現實生活，你愛吃虧嗎？對於這個問題，每個人的回答應該都相同，那就是「NO」。人生幾十年，誰不曾吃過虧，沒有人愛吃虧。但糊塗學卻認為吃虧是福。

赫蒙是美國有名的礦冶工程師，畢業於美國的耶魯大學，又在德國的佛萊堡大學拿到了碩士學位。可是當赫蒙帶齊了所有的文憑去找美國西部的大礦主霍斯特的時候，卻遇到了麻煩。

那位大礦主是個脾氣古怪又很固執的人，他自己沒有文憑，所以也不相信有文憑的人，更不喜歡那些文謅謅又專愛講理論的工程師。當赫蒙前去應徵並附上文憑時，原以為老闆會樂不可支，沒想到霍斯特很不禮貌地對赫蒙說：「我之所以不想用你就是因為你曾經是德國佛萊堡大學的碩士，你的腦子裡裝滿了一大堆沒有用的理論，我可不需要什麼文謅謅的工程師。」

聰明的赫蒙聽了不但沒有生氣，還心平氣和地回答說：「如果你答應不要讓我父親知道的話，我就告訴你一個祕密。」

霍斯特表示同意。

於是赫蒙對霍斯特小聲說：「其實我在德國的佛萊堡並沒有學到什麼，那三年就好像是糊里糊塗地混過去一樣。」

霍斯特聽了笑嘻嘻地說：「好，那明天你就來上班吧。」就這樣，赫蒙在必要時退讓了一步，輕易地在一個非常頑固的人面前通過了面試。

也許有人認為赫蒙那樣做十分不合適，問題是能不能做到既不傷害別人又可以把問題解決。

就拿赫蒙來說，他貶低的是自己，一個人的學識有多好，當然不在於他自己的評價，就算他把自己的學問評價得再高，也不會憑空增加一分一毫，反過來說，貶得再低也不會減少一分一毫。

在我們的工作環境裡，建立良好的人際關係，得到大家的尊重，無疑對自己的生存和發展有著極大的幫助，而且有一個愉快的工作氛圍，可以使我們忘記工作的單調和疲倦，對生活懷抱著美好的心態。遺憾的是，我們常常聽到不少人對於辦公室裡人際關係的處理感到棘手，抱怨甚多。其實，只要我們為人正直，用心且努力，肯吃虧，想做個受人喜愛的同事並不是很難的事。

在工作環境中，如果對那些細小的，不大影響自己前程的好處，多一些謙讓，比如辦公室裡東西分不夠時就少分些，榮譽稱號則多讓給即將退休的老同事，或者與其他人共同分享一筆獎金或是一項殊榮。這種豁達的處世態度無疑會贏得人們的好感，也會增添你的人格魅力，帶來更多的「回報」。俗語說「吃小虧佔大便宜」就是這個道理。

有人問李澤楷：「你父親有沒有告訴過你成功賺錢的祕訣？」李澤楷說，賺錢的方法他父親什麼也沒有教，只教了他一些為人的道理。李嘉誠曾經這樣跟李澤楷說：「和別人合作，假如自己拿七分合理，八分也可以，那麼拿六分就可以了。」

李嘉誠的意思是，吃虧可以爭取更多人願意與自己合作。你想想看，雖然他只拿了六分，但現在多了一百個合作對象，那麼他將能拿到多少個六分？假如拿八分的話，一百個合作對象可能只剩下五個，結果是虧是盈可想而知。李嘉誠一生曾與許多人進行過或各種長短期的合作關係，工作結束後，他總是願意自己少分一點錢。如果生意做得不理想，他就什麼也不要了，願意吃虧。這是種風度，是種氣量，也正是這種風度和氣量，才有更多的廠商樂於與他合作，他也就越做越大。李嘉誠之所以成功，他那拿捏得恰到好處的處世交友經驗正是箇中奧妙。

吃虧是福，這是智者的智慧。不管身為雇主也好，還是與人進行合作夥伴關係也罷，旁邊的人就是因為跟著你有好日子過，他才會一心一意與你合作，跟你一起奮鬥。

吃虧就是福，因為人只要佔了別人便宜之後就會有弱點。你吃點虧，讓別人得點利，你就可能獲得在某些限度下操控別人的權力，使你的事業興旺發達，這就是吃小虧其實是佔大便宜的意義。

鄭板橋先生的名言就是：吃虧是福！

包住鋒芒，不可張揚

▼走自己的路，管他別人說啥。外界的攻擊就會絲毫沒有作用。

福禍二字左半邊一樣，右半邊不一樣，正說明了兩字相互牽連，息息相關。所以說自己要清楚明白，凡遇好事的時候不可張狂，因為張狂過了頭接踵而來的可能就是禍事。凡遇到禍事的時候也別亂了陣腳，就算咬著牙也要忍受著，壞事過了，好事就跟著來了。

《紅樓夢》中的鳳姐是一個一出場就受人矚目的人，想讓人記不住都難。黛玉初進賈府時鳳姐的表現雖然是做戲，這戲卻做得讓所有的人都心服口服，那種八面玲瓏與春風得意在書中描述得活靈活現。

那時的鳳姐正新婚不久開始當家，正是事業愛情都得意之時，備受賈母寵愛又大權在握的鳳姐，以她的個性，想不得意也難吧！

可是，正應了賈母那句「一個人太聰明太伶俐，只怕活不長」。鳳姐的傷處在於她雖然聰明，卻沒有真正長遠的眼光，名利虛榮心比較重一點，這雖是人性普遍的弱點，但眼光不夠長遠對一個必須當家的人來說，的確比較危險。可卿臨去之前說的話何等意味深長，但鳳姐此時正志得意滿，根本就沒真正聽進去。

做人張揚當然是鳳姐的長處，卻也是鳳姐的短處，每次看到她那樣毫不留情地嘲笑趙姨娘，都不由得想，這真是何苦，寧得罪君子，不得罪小人。鳳姐大概決不會想到她那嬌貴的女兒會有一天落在賈環的手上。身後有餘忘縮手，眼前無路想回頭，可惜已太遲了。更何況自古以來都是木秀於林，風便摧之，所以，真正的聰明人都選擇像寶釵一樣裝愚守拙。

鳳姐是一頭勇猛的獅子，但她的對手們卻是一些看似溫馴的綿羊。獅子的勇猛在這個陰氣森森的賈府，是沒有真正的力量的，因為這裡盛行的，是見不得光的陰謀和權術。這樣的情況下處於風口浪尖的鳳姐無疑會成為第一個被拿來開刀的對象，賈府的真正敗落也是由她的失權開始。

《紅樓夢》中評論薛寶釵：罕言寡語，安分隨時。人謂之「裝愚」、「守拙」。她的裝愚守拙比林黛玉的任性逞才容易被人接受，容易贏得好感，這就是一種韜光養晦的藝術。

「糊塗」實際上就是一種「韜光養晦」的藝術。人要學會「糊塗」，大智若愚，大巧若拙，大勇若怯，才能以柔克剛，處事不悖，達觀權變。有了「糊塗」這個智慧，你會感到「天在內，人在外」，天人合一，心靈自由，會有一種解放感。憑著這顆心，你便不會為官所動，為財所負，為名所累，為色所惑；你才會翻然頓悟，參透人生，超越生命，心靈得以安寧。

一方面，不顯能耐，不出風頭，另一方面更新威嚴、尊卑之俗念，該糊塗時則糊塗。

二〇〇七年，東京書攤貨架上出現了一本名為《鈍感力》的書。鈍感力，聽上去給人遲鈍、木訥的負面印象。但作者渡邊淳一認為，「現代人太過敏感反而容易受傷，相對而言，鈍感力是一種不讓自己受傷的力量。」

「與其有銳利的敏感度，不如對於大多數事物都不要氣餒，這股遲鈍的頑強意志，就是得以生存在現代的力量，也是一種智慧。健康、愛情、婚姻、家庭、事業莫不如此。」

也許我們可以將鈍感力解釋為「有意義的感覺遲鈍」。鈍感力作為一種為人處世的態度及人生智慧，相比於激進、張揚、剛硬而言，更容易在目前競爭激烈、節奏飛快、關係複雜的現代社會中生存，也更易取得成功，並能同時求得自己內心的平衡及與他人、社會的和諧相處。

輕微的遲緩和木訥確實會讓你活得更加踏實：你不會因為上司的斥責就耿耿於懷火冒三丈；不會因為心儀女孩的一次拒絕而放棄追求喪失信心；外界的任何攻擊對你絲毫沒有作用，你的做人準則就是：走自己的路，管他別人說啥。

過於張揚會帶來許多麻煩，一個人只要開始張揚，好人也會變得瘋狂；瘋狂就會使人跌入萬丈深淵。太張揚的人容易惹人嫉妒，招人白眼，甚至會在不知不覺中引來不必要的麻煩；我們真的應該做到喜不形於色，哀不憂傷於心，寬容平淡才是真。

在當今這個無時無處不充滿競爭的社會裡，沒有人甘願成為弱者，也必然會有人成為弱者。強者譏諷弱者，上層看不起下層，智者看不起愚者。社會衝突必然增多，不同類型的人出現心理上的不和諧。此時，作為一個明智之士，如果能用低調做人的方式去平衡這種心態，那麼你將會獲得一大筆財富。

比如你主動接觸，謙遜行事，保持和大家平起平坐，你一定可以和一大批人和睦相處。

一個人不要鋒芒太露，辦事要分清重要性，講究方法。常言道：「大智若愚」，是說一個人平時不咄咄逼人，到緊要關頭自然會發生功效，這就是「中流失船，一壺千金」的含義吧！

一個人若想要求平安，就要學會三點：

第一、要藏巧於拙、鋒芒不露。

第二、還要韜光養晦，不使人知道自己才華的修養功夫，無論做什麼事都應當留有餘地才是。

第三、最關鍵的是在污濁的環境中保持自身的純潔。不露鋒芒、韜光養晦並不影響潔身自好，相反，潔身自好正是前兩者的基礎。

做人，應該收起鋒芒，因為那樣會害了自己！為什麼要做一個令別人討厭的人呢？

眼前之虧，不妨一吃

▼好漢到底該不該吃眼前虧？

吃虧不要緊，吃「眼前虧」是為了換取其他利益，更是為了日後不再吃虧所作的準備。

老祖先說：「好漢不吃眼前虧。」現在的專家則說：「好漢要吃眼前虧！」

假設發生了這樣的狀況：你開的車和別的車擦撞了，對方的車只受到一點小傷，可以說根本不算什麼，但你不想吃虧，準備和對方理論一番，可是對方車上下來了四個彪形大漢，個個橫眉豎目，圍住你索賠，眼看四周偏僻，不可能有人對你伸出援手。請問，你願不願意吃下這個悶虧賠錢了事呢？

如果你說得退他們，或是打得退他們，又不會讓自己受傷的話，你當然可以不吃這個虧。如果你不能說又不會打，那麼看來也只有賠錢了事了。他們的確是蠻橫無理、欺人太甚，可是，在人性叢林裡，「理」這個字不一定行得通。適者生存，哪有什麼理可說啊！

因此，以這段故事為例，賠錢就是你唯一可以接受的作法，你若不肯吃這眼前虧，換來的可能是一頓拳打腳踢，車子可能被破壞得更加嚴重。你說：「我可以報警哪？」那種狀況下人都快被打死了，哪裡還有時間報警？更何況報警也不一定有用啊！

所以說：「好漢要吃眼前虧。」因為在這種情況下，眼前虧不吃，後面可能還有更大的虧等著你！

好漢之所以要吃眼前虧，目的是要藉此來換取其他的利益，是為了存在，為了更高遠的目標，如果因為不吃眼前虧而蒙受龐大的損失或災難，甚至把命都弄丟了，哪裡還談得上未來和理想呢？

可是有不少人碰到眼前虧，會為了顧及自己的面子和尊嚴，或是為了所謂的正義與真理而與對方搏鬥。有些人因此而一敗塗地，有些人則雖然獲得勝利，但也元氣大傷！

自古以來就流傳著不少好漢吃得眼前虧的故事，漢朝開國名將韓信就是一例。鄉里惡少要他從胯下爬過，不爬就要揍他，韓信二話不說就爬了。如果不爬呢？恐怕挨過了那一頓重重的拳打腳踢之後，韓信當時就算不死也只剩半條命了，哪來日後那位統領雄兵，叱吒風雲的大將韓信？他吃了眼前虧，為的就是保住有用之軀，留得青山在，不怕沒柴燒啊！

這裡還有一個故事。有一天，一頭獅子向九隻野狗提出一起獵食的建議。終於到了傍晚，該是平分戰果的時候了，算一算他們獵了一整天總共獵到了十隻羚羊。

獅子說：「看來我們要找個聰明人幫我們分才公平呀！」

這時一隻野狗說道：「總共十隻很公平呀！」

獅子大怒，就把那隻野狗打暈了，其他野狗看到這場面都嚇壞了。

又有一隻野狗忽然說道：「不是不是，我兄弟的意思是說，如果您拿九隻羚羊，加上您自己就是十；而我們九個兄弟加上一隻羚羊也是十，這樣我們都一樣是十，就很公平了。」

獅子聽了很開心，問：「你怎麼會想到這麼聰明的辦法？」野狗誠實地回答：「在您打傷我們兄弟的時候，我就想到了。」

這則寓言很現實呀！顯然九隻野狗都不是獅子的對手，眼下的狀況如果不吞下這個虧，難道還想看看有沒有比眼前虧更慘的狀況嗎？

所以，在人性叢林中碰到對你不利的環境時，千萬別逞血氣之勇，也千萬別認為士可殺不可辱，寧可吃點眼前虧。因為吃得眼前虧，可保百年身呀！

傳統觀念認為，好漢不吃眼前虧。這其實是一種誤解。好漢的眼光宛如鷹眼一樣銳利，他們所關注的是長遠的利益，而非執著於眼前的禍福。鼠目寸光的人，才吃不得眼前虧，因為他們心胸狹窄，容不得一丁點的損失。而高瞻遠矚的人，卻吃得眼前虧，因為他們視野遼闊，納天地於心中。

在文學作品中，描述一個人不羨慕富貴窮得有志氣，就會用「不為五斗米折腰」來表達。但現實生活卻很難如此，環境的殘酷有時並不容許我們這樣做。人無論有多立志高遠，胸懷大志，也必須屈服於生活的壓迫。

生活是一個無比深廣的海洋，淺灘暗礁星羅棋布，讓你無處藏匿。而人不過只是一艘小船，行進在顛簸的大海上，你首先要考慮的不是航向遙遠的彼岸，而是如何能在波濤洶湧的海面上存活下來。所以說，好漢也得為五斗米折腰，吃點眼前虧，目的是為了以後更好的發展。

生存權是人類最根本、最主要的權利。一個人如果連生存的權利都無法確保，談什麼發展，說什麼該如何享受生命，一切根本無從談起，這都只是痴人說夢。在一切開始前，必須先把自己的肚子填飽，才可能有足夠的力量去追求發展。很難想像一個吃不飽穿不暖的窮人，會整天想著該買哪一台名車，或是該投資哪一處房地產比較好。不肯為五斗米折腰，換句話說就意味著要忍饑挨餓，難以存活，一旦死於非命，根本就什麼都不用談了。

吃得眼前虧的目的是為了讓自己與現實環境有和諧的關係，把二者之間的衝突降至最低，這是做人該有的彈性，更是最高明的生存智慧。

現實生活是殘酷的，很多人都會碰到不盡如人意的時候。殘酷的現實逼迫你必須對某些人俯首聽命，這個時候，你只有面對現實。要知道，硬碰硬雖然是一種壯舉。可是，如果你硬要拿著雞蛋去與石頭鬥狠，只能算是無謂的犧牲。如果這樣的話，等待你的就是另一種生活了。

很多時候吃點小虧，恭順謙讓，反而能得到更多的好處。競爭是社會的主流，但有的時候，謙讓能取得更大的勝利。謙讓從另一個角度來看，是一種更有智慧的競爭。

明虧可吃，亂虧不吃

▼懂吃虧的人才不會吃虧。

「吃虧是福」這句話本身就是一種利益交換，吃虧者並不希望利益白白受損，而是希望用「吃虧」的方式換來「福」。至於什麼是「福」，每個人的見解都不同。所以，暫時犧牲眼前的小利去換取長遠的利益，就是真正的「吃虧是福」。否則，就是吃傻虧。正因為如此，吃虧一定要在明處，要讓關鍵人物明明白白知道你是主動地吃虧，並且認同你的犧牲，感謝你的成全，才能換取他人「知恩圖報」。

想讓別人欠你人情，學會吃虧是最快的方法。當你為別人吃了越多的虧，別人欠你的人情就越多，久而久之，他們就必須給你面子，否則就太不通人情了！

有三個兄弟同住在一間屋子裡，有一天，大哥誤拿了二哥放在餐桌上的錢。回家發現錢不見的二哥懷疑是小弟拿走了，便向小弟興師問罪，小弟趕忙向他謝罪道歉，並且拿了錢還給二哥。等到大哥回家後，將誤拿的錢還給二哥，並說明了原委。二哥感到十分慚愧，從此，這三人發誓要絕對信任自己的兄弟。

吃虧，不是什麼好事，但吃了虧之後的結果，卻不一定是壞事。小弟的舉動，讓三兄弟的感情更堅定信任。並且，從另一個角度來看，小弟的做法似乎也值得借鏡，假如拿了錢的大哥不還，糊塗的二哥堅決認定是小弟拿的，小弟當下並不爭論直接還了錢後，過一陣子二哥便會忘了這件事，三人還是好兄弟。最怕的是，小弟與二哥為那一點錢而吵起來，在大哥還沒回來解釋清楚，事情沒有水落石出前，只會越辯越糟，也許兄弟從此反目成仇。所以，有人說「吃虧是福」是非常有道理的。

不管是大虧，還是小虧，只要對維繫好朋友關係有幫助，你就要盡可能地吃下去，不能皺眉。尤其是大虧，有時更是一本萬利的事情。

商人胡雪巖的發跡實際上就是一個善於做人，善於吃虧的經歷。胡雪巖本是江浙杭州的小商人，他不但善於經營，也頗通曉人情，懂得生意人要學會吃虧的道理，他常給周圍的人一些小恩惠。但小本生意並不能滿足他，他一直想成就大事業。他想，在當時重農抑商的社會，單靠經商不太可能出人頭地。當時的大商人呂不韋另闢蹊徑，從經商轉而從政之後名利雙收，所以，胡雪巖也想走這條路。

當時胡雪巖有一個在杭州當小官的朋友叫做王有齡。王有齡非常急於往上爬，卻又苦於沒有錢作敲門磚。隨著兩人的交往加深，他們發現彼此都有共同的目的，只是殊途同歸。

於是王有齡對胡說：「雪巖兄，我並非無門路，只是手頭無錢，空手總是套不了白狼。」

胡雪巖說：「我願意傾家蕩產來幫助你。」

王有齡說：「我富貴了，決不會忘記胡兄。」

過一陣子胡雪巖果然變賣家產，籌集了幾千兩銀子，送給王有齡。王去京師求官後，胡雪巖仍舊做著自己的小生意，對別人的譏笑並不放在心上。

幾年後，王有齡穿著巡撫的官服登門拜訪胡雪巖，問胡有何要求，胡說：「祝賀你福星高照，我現在並無困難。」

但王有齡果然是個講義氣的人，他利用職務之便，令軍需官到胡雪巖的店裡採購。於是胡的生意越來越好、越做越大。兩人之間的關係亦更加密切。

後來，太平軍佔領杭州，王有齡上吊自殺。雖然失去王有齡的支持，胡雪巖並沒有苦悶多久，他必須要找新的業績來源。不久後，他認識了新任的浙江巡撫左宗棠，並且捐出了一部分銀子，為左的湘軍辦糧餉和軍火，贏得了左宗棠的好感和信任。後來，隨著左宗棠權力越來越大，胡雪巖當然也是吉星高照，得到左宗棠舉薦為二品官，成為大清朝唯一的「紅頂商人」。

除了本身對於經商的才智，胡雪巖的成功也因為他練達的社交能力。他善於製造並利用機會，更明白人情世故，懂得吃虧是福的道理，因此朋友都非常信賴他的寬厚和真誠。他也深知，今天他給朋友的是一滴水，日後朋友將以湧泉來相報。古人早就說過「投之以木瓜，報之以瑤琚」。胡雪巖就是以吃虧來交友，以吃虧來得福的。

虧，不能亂吃，有的人為了息事寧人，寧願吃暗虧，結果只是落入「啞巴吃黃連，有苦難言」的境地。孫權就是這樣，為了要回到荊州，假意讓自己的妹妹嫁給劉備，結果在諸葛亮的巧妙安排下，孫權不僅賠了妹妹，又折了兵。荊州到頭來還是在劉備手中，這個虧吃得未免也太不值得了。

吃虧，要吃在明處。至少，你該讓對方「心裡有數」。古時陳囂與紀伯為鄰，有一天夜裡，紀伯偷偷的將與陳囂為鄰的竹籬笆向陳家的院子移了一點，這個舉動恰好被尚未入睡的陳囂看到了。紀伯走後，陳囂也走近自己的院子，但他並沒有將籬笆移回原位，反而又朝自家院子移近了一丈，這樣紀伯的院子更加寬敞了。

隔天清晨紀伯醒來到院子散步時，發現了這件事，感到很是愧疚，不但還了自己原先侵佔的陳家院地，還內移了一丈。

陳囂的主動吃虧，令紀伯感到非常內疚，從此每當他想起這件事，總是會盡可能地補償陳囂。

吃虧也是有技巧的，最聰明的方式是明著似乎吃了大虧，暗地裡卻佔了大便宜，被你佔了便宜的人可能還對你感激不盡，這也是做人的智慧，但想要做到卻很難。可能有人會說，吃虧就是吃虧，佔便宜就是佔便宜，怎麼能說吃虧反而是福氣呢？我們不妨換個角度來分析看看：

一、雖然吃了點虧，但這樣也好，沒有對不起任何人，所以心情很平靜。

二、吃了點虧，但卻贏得了旁觀者的同情，倒賺得了好人緣。

三、雖然這回吃虧的人是你，但賺得了對方道義上的支持，這種利益將會延續到雙方未來的關係，何虧之有？

既然大虧都能吃，面子上的小虧更應該照吃不誤。吃大虧，可以讓朋友對你另眼相看，吃小虧，則可以避免衝突。生活難免會出現需要溝通的小狀況，更何況是親密無間的朋友呢？

假如為了面子與朋友翻臉，事後雖然非常後悔，但又擱不下面子而放棄道歉，其實損失很大。因為雖然面子對很多人來說，真是無上重要，然而真正的智者，總會將它看得很淡。面子只是一時，朋友卻是一輩子的，為了面子而失去朋友真的非常不值得。

要有功勞，更要退讓

▼每一顆成功的果實都是踩著別人肩頭摘得的。

只要活著，都牽涉到「與人合作」，每一顆成功的果實都是踩著別人肩頭摘得的。所以，首先要對事業有所貢獻，成功之後要懂得退讓，與上級、同事和部下分享功勞。居功而不自傲，才是做人的根本。

東漢名將馮異馳騁沙場幾十年，戰功彪炳，是漢光武帝劉秀中興時的傑出統帥，但每次戰役結束後，諸將並坐論功時，他為了避功，總是把封賞讓給部下。

因為他經常一人獨坐在大樹下讀書思過，軍中稱他為「大樹將軍」，他有帥才，卻從不現驕氣，雖功勞顯赫，卻仍低調做人。

更始元年，大司馬劉秀率王霸、馮異等將領歷經艱險，攻克邯鄲，擒斬王郎，平息叛亂。馮異在邯鄲之戰過程中，千方百計克服種種困難，每天都為駐紮河北曉陽地區的大軍籌措糧秣，熬煮稀豆粥，使將士饑寒俱解，恢復戰鬥力。

某次劉秀率軍行至南宮時，正逢大雨滂沱，寒氣逼人，馮異又四處奔波，取薪燃火供將士取暖烘衣，還送上熱氣騰騰的麥飯，使官兵得以衣乾腹飽，重上戰場。

邯鄲之戰，劉秀大勝，他讚揚馮異「功勳難估，當為頭功」。正當劉秀召集將領盤坐曠野、論功行賞時，馮異卻獨自離眾，待在一棵老槐樹下聚精會神地讀《孫子兵法》。當侍衛連拖帶拉地將馮異帶到劉秀跟前，馮異卻對封賞一再推讓。

實在推托不掉，他便建議將此功讓給所屬的一名偏將，令這位偏將大受感動。劉秀見馮異淡泊名利，又賞他許多金銀，馮異卻悉數分給這次作戰中表現勇猛的士卒。

馮異的做法，使他調動起部下來得心應手，部卒願意為他效力，同級之人佩服他，上司也欣賞他。

春秋時期，齊國侵佔魯國和衛國，魯、衛兩國求救於晉國，晉景公於是任郤克為中軍元帥，由士燮為佐上軍，欒書統領下軍，讓他們出戰。在戰鬥中，晉軍將領與士兵們同仇敵愾，一起衝鋒陷陣，郤克身受箭傷，仍在戰場奮勇殺敵。結果晉軍獲得大勝，齊國獻寶求和，歸還了侵佔魯、衛的土地。

晉軍凱旋回國時，許多人都前來迎接晉國將士。佐上軍士燮卻走在軍隊的最後面，他的父親問他原因，他回答說：「軍隊立了大功，國人歡喜地在這裡歡迎，我如果先進去，必將成為眾人矚目的焦點，這是代帥受功，所以我不能走在前面。」

他的父親見兒子能夠如此謙遜，非常高興。

郤克晉見晉景公時，景公高興地對他說：「這次取勝，是你的功勞啊！」

郤克謙虛地答道：「這是君主平日的訓導以及其他將領們的努力，我哪有什麼功勞呢？」

佐上軍士燮也晉見景公，景公對他說：「打了勝仗，這是你的功勞！」士燮也謙虛地說：「這是荀庚的運籌帷幄，郤克的指揮有方，我哪有什麼功勞呢？」

當下軍將領欒書晉見景公時，景公同樣稱讚他立了功。欒書說：「這是士燮指揮有方，士兵們拚命殺敵，我哪有什麼功勞呢？」

景公聽後，暗自欣喜。此三人，立了大功，卻不居功自傲；有了榮譽，卻謙虛謹慎，克己讓功，實在是晉國之福。於是，對他們三個更加重用。「三將讓功」的故事也從此被人們傳為佳話。

子路問：「敢問持滿有道乎？」有什麼保持滿的方法嗎？

孔子回答說：「聰明聖知，守之以愚；功被天下，守之以讓；勇力撫世，守之以怯；富有四海，守之以謙。此所謂挹而損之之道也。」就是說，聰明和高深的智慧，要用愚鈍的方法來保持它；功勞遍及天下，要用謙讓來保持它；勇力蓋世，要用膽怯來保持它；富足而擁有四海，要用節儉來保持它。這就是抑制自滿的方法呀。

做事不能做得太滿，對待功勞也是一樣的道理，適當地轉讓功勞，對自己的發展利大於弊。

即使你憑一己之力得來的成果，也不必獨享，讓給那些「重要」的人，讓與那些屬於同一部門，曾經協助過你的同事，或者一直在背後支持你、鼓勵你的老板。

別擔心你所扮演的角色會被人遺忘，因為你的所作所為在別人眼中瞧得清清楚楚，如果自己一味攬功於一身，不懂得謙虛與分享，會讓人覺得十分無趣。

相對的，如果大大方方地和別人分享功勞，一方面可以做個順水人情，另一方面上司和下屬也會認為你很懂得處理好人際關係，而給你更高的評價。

可是謙讓功勞的手法必須做得乾淨利落，切勿矯揉造作，更不可對別人抱著「施恩」的態度，或希望下次有機會討回這份功勞。所謂放長線、釣大魚，將目光放長遠才是上策。

習慣炫耀功勞的人，實際上是跟自己過不去。你得到了表面上的榮譽，但卻把自己放進了一片槍林彈雨中。所以，炫耀自己功勞的人很少有輝煌長久的。我們在功勞面前要學會低頭、退讓，這樣才能使自己立於不敗之地。

最後，一個人一定要正確對待自己的功勞和歷史。就算立了天大的功勞，那也是過去，不能把歷史搬回到現實。功勞不是憑你墊墊腳，就能高人一等的。對自己的功勞念念不忘，神仙也會厭煩。更不要老是提起當年勇，當年之勇又不生利息，只會越提越薄，到最後什麼都沒有，萬一把自己的前程和性命都浪費了，豈非得不償失。

以退為進，至高境界

▼「以退為進」，何樂而不為呢？

以退為進是一種量力而為的睿智，也是一種顧全大局的果敢。面對全軍覆沒的危險時，有膽略的軍事家會說：三十六計，走為上策。面對將要破產倒閉的厄運時，有眼光的企業家會說：留得青山在，總有一天可以捲土重來。

我們在談到成功之道時，總是強調勇往直前、積極進取。但是有時候，硬衝未必是唯一最好的方法，以退為進反而是另一種策略。

美國前總統柯林頓跟陸文斯基的那場桃色風波應該許多人都還記得。試想，當這場風波東窗事發時，柯林頓其實可以死不承認，採取不回應的態度，很多政治人物都是這麼做的啊。但當著全世界的面，堂堂美國總統承認自己的醜事，這多麼讓人難為情啊！但柯林頓聰明之處就在於，他採取了以退為進的策略，承認了自己的錯誤。這麼做，其實是將包袱扔給了所有的美國國民：我已經承認了我自己的錯誤，你們有權利讓我下台，也有權利讓我繼續留在總統的位子上；對一個已經承認錯誤的人，你們就看著辦吧！

同樣是美國總統，當年甘迺迪正競選美國參議員時，對手在最關鍵的時候抓到了他的把柄：在甘迺迪學生時代，曾經因為考試作弊遭到哈佛大學退學。

通常這類事件在競選期間的威力非常大，對手只要充分利用這個證據，就可以在甘迺迪誠實、正直與道德的形象蒙上一層陰影，使他的政治前途當場黯然無光。一般人面對這類事情的反應不外是極力否認與澄清，但甘迺迪很爽快地承認自己的確曾犯下這項很嚴重的錯誤，他說：「我對於自己曾經做過的事情感到很抱歉，我犯錯了，我沒有什麼可以辯駁的餘地。」甘迺迪這麼做，等於宣告「我已經放棄了所有的抵抗」，而對於一個已經放棄抵抗的人，你還要繼續跟他沒完沒了下去嗎？如果對手真的繼續進攻，就顯得一點風度也沒有了。

所以，我們應記住一個基本原則：一個人既然已經承認了錯誤，那麼你就不能再去攻擊他，再去跟他計較。除此之外，也要記得：以退為進可以是在被動情況下的策略；但在主動的情況下，當徹底解決某個問題的機會還沒有完全成熟時，也可以採用這種策略。政治鬥爭如此，商界如此，甚至，平時在工作、做人等各方面都是如此。

有一年，在比利時某畫廊發生了一件事：

美國畫商看中了印度賣家帶來的三幅畫，總價為兩百五十美元，畫商不願意接受這個價錢，雙方脣槍舌劍，誰也不肯鬆口，談判於是進入了僵局。那位印度人火大了，怒氣沖沖地當著美國人的面把其中一幅畫燒了。

美國人看到這麼好的畫被燒了，當然感到十分可惜。他問印度人剩下的那兩幅畫願賣多少錢，答案還是兩百五十美元。美國畫商見印度人毫不鬆口，又拒絕了這個價格，印度賣家把心一橫，又燒掉了其中一幅畫。美國畫商只好乞求他千萬別再燒這最後一幅畫。當他再次詢問這位印度人願賣多少錢時，賣家說道：「這麼好的畫，全世界只剩下最後一幅，怎麼可能與三幅畫時賣一樣的價錢！」結果，這位印度人手中的最後一幅畫竟以六百美元的價格拍板成交。當時，其他畫的價格都在一百美元到一百五十美元之間，而印度人這幅畫卻能賣得如此之高，原因何在？

首先，他燒掉兩幅畫以吸引那位美國人，便是採用了「以退為進」的戰略，因為他「有恃無恐」，他知道自己出售的三幅畫都出自名家之手。燒掉了兩幅，剩下了最後一幅畫，正是「物以稀為貴」。聰明的印度人施展這招果然很靈，一筆成功的生意就這樣進帳了。

在商談中，賣方總是以種種技巧出售自己的商品以獲得最大利益，買方則會提出種種藉口，期望價格降到最低，此時，以退為進的戰略便會大奏奇效。

當然，要想成功地採用「以退為進」的策略，必須要有一定的後盾，把握好分寸。「不打沒有準備好的仗」，若心中沒有十全的把握仍然輕易使用此計，難免弄巧成拙。如果那位印度人不瞭解美國人喜愛名畫的心態，無法肯定他一定會買下那最後一幅畫的情況下大膽燒去前兩幅，最後美國人仍然沒有買，印度人可不是「賠了夫人又折兵」，追悔莫及。

必須能夠退一步想，按照你所掌握的對方心理，確定對方一定會採取令你滿意的行動時，「以退為進」這一招才能達到預期的目的。在與人交往的時候，為了達到某種目的，不妨讓自己的頭腦靈活些，欲擒故縱、以退為進，就會取得出人意料的良好效果。

《菜根譚》上說：「路徑窄處，留一步與人行；滋味濃時，減三分讓人食。」此是涉世的方法之一。留一步，讓三分，是謹慎的處世態度，適當的謙讓不僅不會招致危險，反而是尋求安寧的有效方式。與人交往，除了原則問題必須堅持；對於小事或是個人利益，謙讓一下則會帶來身心的愉快，以及和諧的人際關係。有時，「退」即是「進」，「與」就是「得」。能夠以退為進，才是真正的向前。

以退為進，是人生處世的哲理。人應該追求的是一生圓滿自在，如果只知前進不懂後退的人生，它只擁有了世界的一半；換句話說，懂得「以退為進」的哲理，就可以將我們所擁有的世界提升到全部。「以退為進」，何樂而不為呢？

Chapter 03

改變命運，從改變性格開始

羅曼・羅蘭說：

「一個人的性格決定他的際遇。

如果你喜歡保持自己的性格，

那麼，你就無權拒絕自己的際遇。」

徐志摩也說：「我們自身就是造就自己命運的原因」。

性格與命運關係著我們是否能夠過得幸福快樂，

改變自己的性格，就是改變自己的命運。

只要願意改變，人人都可以獲得幸福快樂的人生。

不可急躁，慢慢進步

▼在人生長跑的過程中，我們需要學會忍耐和等待。

成功是能力和耐力交互運行的結果，人不能夠急躁，只能充滿耐心，循序漸進地培養自己的能力，才能朝著成功前進。

能力是我們自己經由努力培養出來的。這也就意味著，我們要不斷反覆練習，直到這種能力成為與自己密不可分的一部分。說起來很容易，但要真正去做，就存在不少問題。很多人都決心要取得令自己滿意的成就，但並非所有人都能達到自己設定的目標。他們也許踏出了第一步，但卻沒有真正持之以恆，沒有投入足夠的精力，結果半途而廢。說真的，很多人的經歷難道不是這樣嗎？只有為數不多的人達到了自己的目標，取得了成績。畢竟，無論從事什麼工作，成功的祕訣依然是自始至終堅持自己既定的目標。這一點人人都明白，只是結果如何取決於每個人的意志。

成功是能力和耐力的結果，而我們要有這個觀念：耐心和其他所有的能力一樣，必須經過訓練和培養。另外，我們還必須清醒地認識到，自制力和耐心決定了一個人的命運。為什麼呢？如果我們堅持不懈，投入精神實現目標，那麼也就培養了耐心，因此我們實現目標的能力也會隨之提高。這種實現目標的能力不僅將會幫助我們更輕鬆地工作，同時還能錘煉我們的力量和意志。

韓劇中，大長今要為一位難產的孕婦進行手術，閔政浩和女兒曉賢去河邊幫她提水。閔政浩因為心裡著急，提著水桶走得飛快，水被灑得到處都是。曉賢跟在後面提醒父親：「娘常說，再怎麼緊急，對待病患的事一定不能急。」閔政浩被這句話觸動，腳步也放得平穩了。

急而不躁是長今的一貫風格，即使情況再緊急，也一定要將銀針和手術刀徹底消毒過後，才穩重地為病人治療。

長今在內醫院做使喚醫女時，老師申主薄曾對她說：「並不是聰明人就能成為好大夫，做大夫必須要沉穩才行，你必須學會這一點。」

皇上臥病在床，皇后要她在多栽軒研究處方的時候，長今曾因急躁被當時的老師張德醫女責備：「現在不能急躁，更不能想其他的事情，事情不會因為我們擔心、急躁，就有所改變。」長今聽進去了，她也是這麼做的。她們從研究皇上過去的病歷開始，然後再觀察與皇上病情類似的病患，一步一步地找出治療皇上病症的處方。最後，她們終於治好了皇上的怪病。

這件事過後，長今才真切地體會到了過去申主簿醫官所說：「做大夫必須要沉穩」這句話的含義，也逐漸養成了不急不躁的行醫作風。

生命有一定的長短，我們只能完成有限的事。生活中，經常會遇到緊急的事情，這個時候你會發現時間竟然窘迫得容不下你產生焦躁心理，因為焦躁就是浪費時間。

小薰傷心地坐在地毯上哭泣，爸爸問她怎麼啦，她哭著說：後天要去參加奧林匹克比賽，明天又要留校練習，因為功課太多做不完，著急發了脾氣，因此被媽媽罵。

爸爸又問媽媽是怎麼罵她的。小薰說：「媽媽問我：『功課可以晚一點交嗎？』我說不行；她又問我：『不要去參加奧林匹克比賽好了，可以嗎？』我也說不行。她就說：『那也沒辦法啦！急也得做，不急也得做，你只能好好去面對這件事。』我就哭了。」

這位媽媽講得很對，不是有句話這樣說嗎：「如果你無法逃避它，就面對它！」因為只有面對它，才能把問題解決。

所以，同時遇到很多緊急的事情時，最好不要急躁，一定要冷靜下來，把要做的事，一件件列出來，從最重要的事情開始，一件一件去完成。

這就好比參加考試一樣，題目多得做不完，與其發呆、犯急，不如冷靜下來趕緊開始做。碰到不會的題目，與其一直在那兒想，把時間耽誤了，不如先跳過這一題，去做自己會的題目。

這也是為什麼許多人在大考之前會先做模擬測驗的道理，那些模擬測驗並不保證考試一定會考到，但卻能使人們有機會實際演練在時間緊迫的情況下，怎樣安排進度。

同樣的時間，對於不同的人能產生完全不同的效果。

《讀者文摘》曾經刊登過一則馬拉松教練和選手的故事，那教練坐在輪椅上，居然能教出一個馬拉松冠軍選手。他怎麼教的呢？

他只是用嘴！

他只是教那位選手怎麼開始暖身、穩定速度、保持體力，然後做最後衝刺。

那教練說得好：「如果一開始不知配速死要面子，拚命跑在最前面，又無法維持定速，一下子慢一下子快，到後來一定體力不濟，被別人追上。」同樣的道理，當你的時間有限、體力也有限時，就要像跑馬拉松一樣，充分合理利用每一秒鐘。

人生就是一個漫長的奔跑過程，不要奢望一路順利地跑到終點，也不要因為暫時的落後而灰心，停滯不前。人要學會等待，因為等待就是一種希望。在寒冷的冬天，要安靜地等待溫暖的春天；在很多次失敗後，要依然堅持等待下一次的成功；在犯了不該犯的錯誤後，要真誠地等待別人的諒解。這，便是對生活應有的態度。在人生長跑的過程中，我們需要學會忍耐和等待。

不可自滿，永不懈怠

▼如果你希望自己不流於俗，就要不斷接納未知的東西。

在你一生中必定見過許多名人或運動員，在他們的成功達到某種程度後便停止了前進。他們學會了自滿，丟棄了起初使他們成功的特質，也因此停止了成長，停止了創造。人千萬不可自滿哪！那會失去你所擁有的才能。一個人若不致力於成長，便會趨於死亡，若不向上攀升，便會往下滑落。

有一次，有人請麥當勞公司的創辦人克羅克先生發表一下維持長久成功的祕訣，他只說了一句話：你若青澀，便還能成長，你若熟透，便將腐爛。

請記住，只要你還肯學，就能不斷成長。人生一個階段的結束所代表的是成長的機會，還是腐爛的開始，全由你自己決定。你可以把退休看成是人生更加豐富的開始，也可以把它看成是工作生涯的結束；你可以把成功看成是墊腳石，也可以看成是安息所。不過可以確定的是，如果安於既有成就，往往持續的時間不會太長。

一個人之所以會自滿，常常是因為跟別人相比之後，認為自己已經做得比別人好，所以就足夠了，不用再繼續努力。其實人應該要常常跟自己相比，而不要跟別人相比。

你是否還記得小時候曾經說過：「為什麼同學可以做，我就不可以？」你的母親可能會答道：「不管你同學可以做什麼，媽媽就是不准你做。」

你的母親說得對，你不應該跟別人比，應該拿自己來比，看看比起過去的自己，現在是不是更加盡了全力。如果只想跟別人比，永遠有人比你強，也永遠有人比你差，你這輩子都比不出一個正確的結果來。唯有拿自己前後努力的程度相比，才有意義。

這裡有個辦法，可以讓你免去和別人相比。減少和別人八卦閒聊的機會，因為在那種場合中，人們喜歡談論東家長、西家短，讓你只看見了別人的隱私和缺點，而忽略自己更大的缺點。人們在一起很容易就談論別人的隱私，喜歡談論別人的人，往往都是自己能力不足，卻又不甘寂寞的人。

佛教八正道中提到：「正見；正思惟。」意思是說，人要心存正確的思想觀念。印第安有一位名叫奔雷的哲人，他也說：「我們說任何的話都要心存善意」。東西兩方的論點都發人深省，有異曲同工之妙。請記住，我們針對別人所說的話，有一天會飛回到自己的身上。

總是習慣驕傲自滿就會目中無人、高高在上，這樣不但不能得到別人的喜歡，反而會引起他人的譏笑。想要搭建人脈關係、受人喜歡的唯一要訣，就是練好「謙虛」的功夫，先尊重別人。

富蘭克林年輕時，是一個驕傲自大的人，言行不可一世，處處咄咄逼人。他之所以會養成這種個性的最大原因，應歸咎於他父親的過度縱容，從來不對他的行為加以訓斥。倒是他父親的一位摯友看不過去，有一天，把他喚到面前，用很溫和的言語，規勸了他一番。這番規勸，竟使富蘭克林從此一改往日的行為，得到眾人的尊重，擁有豐富的人脈資源，最終成為世界著名的科學家、政治家！

那位朋友對他說的話是：「富蘭克林，你想想看，你總是不肯尊重他人意見，事事都自以為是的行為，會為你帶來什麼樣的結果？人家跟你打過幾次交道，受了幾次這種難堪後，誰也不願意再聽你如此矜誇驕傲的言論了。朋友們將遠遠避開你，免得老是要受一肚子冤枉氣，你從此將再也無法交到好朋友，也無法從別人身上獲得半點學識。而你現在所知道的事情，老實說，還有限得很，根本不管用。」

富蘭克林聽了這一番話，深自反省，明白自己過去的錯誤，決意從此痛改前非，處事待人總以研究討論的態度，言行也變得謙恭和緩，時時慎防有損別人尊嚴的言行。不久，他便從一個被人鄙視、拒絕交往的自負者，蛻變成為廣受人歡迎愛戴的人脈高手了。他一生的事業之所以能有成就，多半也得力於這次的轉變。如果富蘭克林當時沒有接受這位長輩的勸勉，仍舊事事一意孤行，說起話來不知進退不分大小，不把他人放在眼裡，那結果一定不堪設想，美國也將會少了一位偉大的領袖。

只要你認清：妄自尊大，將使與你接觸的人們，個個感覺頭痛，給人一個不舒服的印象，從此你所能交到的新朋友，將遠沒有你所失去的老朋友多，直到眾叛親離的絕境而後悔不已。試想到了那時，做人還有什麼趣味？你行事還可能會有什麼偉大的成就？你的名譽還能靠誰來傳揚呢？

想改正目中無人的壞習慣，並不是一件難事，只要記住：未來要去成就的豐功偉業還多著，現在即使有了一點點小成就，比起未來的成就只是微乎其微。即使有人對你大加讚美，也只是因為他們的善意，並不是因為你的成就已達頂峰。對人說話時，應該打定主意：你是在向對方吸取學識經驗，而非把自己淺薄的學識全部搬出來炫耀。你發表意見，必須抱著求人幫你改善意見的目的，而不是用來壓倒人。

人們都不喜歡那些常愛自吹自擂的人，你當然也不希望人家這樣看待你。那麼最好的辦法，就是在自己的言談之間，處處留下一個自由旋轉的餘地給別人，如果你的意見的確是對的，他們經過思索之後，自然會樂於接受。萬一他們抱著成見，始終堅持不接受，那你也必須知道：過分強調、誇大的語氣，不可以拿來當作征服外來壓力的武器，那反而更容易驅使他們故意與你對峙，最後只好把自己孤立起來，也就等於自毀人脈。

人一自滿，就容易變成自以為是，不能實事求是。如果你想讓自己的人生一團糟，那麼就放任自己去高傲自大吧；如果你希望自己不流於俗，就要不斷地接受新事物，接納未知的東西。向自己挑戰吧，考驗自己吧，讓自己有個不平凡的人生吧！

不說好壞，不傻裝傻

▼在一些無關大局的事情上，不要外露精明。

成功的捷徑之一就是要「不露聲色」。尤其是對於一個初來乍到新環境的人，更應該做到不可隨便表露自己的心聲，應該少說、多做、多聽、多觀察。多觀察週邊的人與事，多瞭解這個環境的人情世故與生活習慣，這樣才不會輕易把人際關係搞僵。有的地方會存在一些明爭暗鬥和派別紛爭，假如你是個新人，在沒弄清局勢的情況下，不要輕易與任何一方關係密切，就算有人極力拉攏你，也要與他保持若即若離的關係。

韜光養晦，可以避免過早嶄露頭角而成為眾矢之的；審時度勢，則可以使一個人永遠處於主動地位，駕馭事態發展，以實現既定目標。知己知彼，好牌不能一次出完，只有見機行事，才能更周全地把握事態的發展，達到想要的目的。

所謂的「扮豬吃虎」，意思是說獵人要捉老虎，在無法力擒時，就裝扮成一隻豬玀，學豬叫，把老虎引出來，待老虎走近時出其不意，猝然向牠襲擊。這樣突擊的結果，老虎就算不死也會負傷。

以此為策略施加予強勁的對手，一樣是可以使用的，在對手面前，盡量把自己的鋒芒斂蔽，「大智」卻以「若愚」的方式展現，表面上百依百順，臉上掛著微笑，嘴邊抹上豬油，裝出一副為奴為婢的卑躬樣子，使他對自己不起疑心，一旦到了時機成熟、有機可乘之時，才以閃電般的速度將其拿住，這就是「扮豬吃老虎」的妙用。

看漢末時期的大司徒王允設計陷害董卓，其奴顏婢膝之醜態，真的做到豬相十足。他以一個朝臣之尊，竟然去巴結董卓的乾兒子呂布，先送上大禮，引呂布登門答謝。呂布說：「布乃一相府將，司徒是朝臣，何故錯敬？」

王允答：「方今天下別無英雄，唯有將軍耳，允非敬將軍之職，實敬將軍之才也。」這馬屁拍得恰到好處，弄得呂布都飄飄然了。

他再請董卓時，又畢恭畢敬地吹捧：「允自幼頗習天文，夜觀乾象，漢家氣數已盡，太師功德震於天下，若舜之受禹，禹之繼舜，正合天心人意。」

又說：「自古有道代無道，無德讓有德，豈過分乎？」

這些話董卓聽來頗為受用，笑得只見牙不見眼，說：「若果天命歸我，司徒當為元勳。」

看王允這副諂佞奉承的樣子，的確已到了孔子所說「巧言令色鮮矣仁」的地步。但在「為達目的，不擇手段」的計策之下，王允為了「吃虎」所扮的豬相做得十分到家。所以一到時機成熟，便一反媚態，指責董卓喝道：「反賊至此，武士何在？」

從這兩副前後變化不同的臉孔，可以看出任何一場鬥爭都一定有段艱苦的歷程。古語有「變生肘腋」，正說明人與人相處，經常會發生利害衝突，也經常有「扮豬吃老虎」的陰謀發生。所以，我們常常聽到某些重要人物對人的態度，經常是沒有信用可講的，只有利害關係。

世上有兩種人，一種是扮老虎吃豬，另一種是扮豬吃老虎。扮老虎吃豬的人，因為自己才能和地位不相稱，所以只好硬裝成威武的樣子，顯自己的威風嚇唬下屬。此種人正是鄭板橋所指的「世間鼠輩，如何裝得老虎」。扮豬吃虎的人卻恰恰相反，自己就是老虎般神勇的英雄人物，為了某種企圖，故意裝呆扮傻使別人上當。

當然，一個人能徹底裝傻也不是很簡單，非有高度涵養不可。人之所以有聰明人、傻子與奴才之分，這就要看裝傻裝得好不好。傻子與奴才，無法分辨聰明人之大智若愚，動輒說人陰險奸詐，殊不知妙就在其中。

俗語有云「不癡不聾，不做家翁」，其目的就是避免是非。

扮豬吃虎是糊塗學的精華所在。要懂得「匿壯顯弱」，也就是說要充分展現自己的短處、弱點，誘使敵人上當受騙，使敵人驕傲自大，放鬆戒備，然後把本來強硬的面目露出來，一舉吃掉對方。這就是用裝糊塗來欺騙敵人，以達目的。

在生活中，這種方法也是很受用的，比如交友，找合作伙伴等，說話精明外露，咄咄逼人者往往使人畏而遠之；而貌似傻氣的人，在說話時懂得什麼該說，什麼不該說，因此很容易引起別人結交的願望。所以，為了使自己不引人注意，不成為帶頭起義的那個人，就要常裝裝糊塗，尤其是在一些無關大局的事情上，不要外露精明，以致自己成為眾矢之的。

大智若愚是比藏巧於拙更進一點的深化，藏巧於拙只是強調不露鋒芒，而大智若愚要求的則是：不但不要露鋒芒，而且還要露出自己愚的一面。

當我們看到眼前的一些大人物當場出醜或顯露出小小的弱點時，我們原有的緊張就化為烏有，並產生「接納」對方的心理傾向。假如你是有心人，便可以利用這種心理，在說話時故意亮出自己的窘態，使對方消除戒心，甚至使對方接納你，成為朋友。

生活中，只要你懂得裝傻，你就不是真的傻瓜，而是大智若愚。做人切忌恃才自傲，得理不饒人。鋒芒太露易遭嫉恨，更容易樹敵。功高震主不知為多少下屬臣子招致殺身之禍，所以與上司交往最重要的技巧就是適時「裝傻」，不露自己的高明，更不能糾正對方的錯誤。人際交往，裝傻可以為人遮羞，自找台階；可以故作不知達成幽默，反唇相譏；可以假癡不癲迷惑對手。你必須有好演技，才能「瘋」得可愛，「瘋」得恰到好處。誰不識其中真相，誰就會被愚弄；誰不能領會大智若愚之神韻，誰才是真正的傻瓜。

「裝傻」是一種需要技巧的藝術。要在生活中適時地運用「裝傻」手段，去趨利避害，為人處世，要從細微處培養自己的洞察力與辨別能力。只有當自己對人對事，站在一定高度的時候，你才能從大處著眼把握時機，從發展中尋找突破。當你能將前因後果分析透徹，並果斷地作出決定時，用「裝傻」手段，不僅能為所有人帶來解決問題的完美方案，還能為生活圈添加美妙的佐料！

知己知人，懂得「裝傻」的人其實一點也不傻！

不可爭鬥，學會謙讓

▼知退一步之法，明讓三分之功。

我們生活中的各種事物，總會有它的相似之處，各種道理也都會有它的共通性。事物與事物之間都是息息相關的，沒有一個可以單獨存在。

有一則小故事：爺爺正在練毛筆字，孫子放學回家，氣憤地嚷著：「可惡的小華以後沒有好日子過了，他竟然讓我在同學面前出盡了洋相，希望他遇上倒霉事。」

爺爺若有所思地走到桌前，拿起一支蘸滿墨汁的毛筆對孫子說：「你把前面牆上的白紙當作小華，把蘸上墨汁的毛筆甩向白紙，看一看感覺怎樣。」

孫子覺得這個遊戲很好玩，他拿著蘸滿墨汁的毛筆向白紙甩去，可是直到他筋疲力盡，白紙上也沒有沾到幾滴墨汁，反而自己滿身是黑印子。

俗話說得好，「退一步海闊天空」，就算自己有理，也不能得理不饒人。這個故事留給人們較為深刻的啟示在於：白紙沒有變黑，自己卻成了「黑人」。

日常工作中，不同性格的人聚在一起，總免不了在看待問題、分析事情上有各自不同的認知和想法，小摩擦和小糾紛時有發生，這是正常的現象。在衝突發生時，我們需要學會「退後一步」，摒棄計較誰對誰錯的心態，更積極地發現問題、瞭解問題、解決問題。

有位哲人說：「學會退一步想問題，是一種教養。」可見，學會後退一步，反映了一個人的修養和素質，表明了對他人的理解和尊重，為問題進行把脈，更精準地解決問題。

比陸地廣闊的是大海，比大海廣闊的是天空，比天空更廣闊的是人的心靈。如果受了一點委屈，就全副心思找機會報復，讓別人不好過，最終只會像小故事中的男孩，不但達不到目的，反而把自己弄得一塌糊塗，身心俱疲。

失敗並不可怕，可怕的是你不知道要進步。如果能夠默默地努力，把與別人爭論的時間用在學習和補充不足上，那還有什麼理由不成功呢？

某企業集團打入德國市場的時候，它的產品技術比大部分德國的產品都要高，價格也比較便宜一些，因此理所當然立刻佔據了大部分市場。當時，德國人看到該企業銷售這麼好，他們很妒忌，於是制定法規，不定時地對他們進行抽查，並告知一旦發現品質不符標準的產品，就會馬上對這家企業進行處置。

按理說，數量龐大的產品要保持百分之百的良率，那幾乎是不可能的，這完全是一種不正當的競爭手段，很明顯想要壓制外國企業在德國的發展。企業內一部分的員工因此失去了工作興致，不想做了，他們認為這實在欺人太甚，一心想要退出。但企業的老闆並不這麼認為，他說：「在這種情況下，我們更應該做好自己的產品，只要在品質上無懈可擊，這件事情就會成為我們的免費廣告。」

結果，他們真的做到了，也確實如企業老闆所說的那樣，因為產品品質非常好，德國人什麼也查不出來，於是人們更加信任他們公司的產品，他們真正打下了一個很大的市場，因此賺了不少錢。

前幾天聽說了一件小事：小張帶著女朋友在飯店用餐，不小心踩到坐在隔壁桌的鄭先生。小張道歉之後，鄭先生仍出言不遜，為了挽回面子，小張打電話找了一群朋友來，狠狠地教訓了鄭先生一頓。

結果，小張因傷害罪被判處拘役三個月，鄭先生也在醫院病床上躺了半個月，兩人都因此付出了慘重的代價。

俗話說：「忍一時風平浪靜，退一步海闊天空。」生活中一些衝突的發生，起因往往是當事人為了一些小事互不相讓，致使事態逐漸擴大，終於走到無法收拾的地步。

其實，明智的人對身邊發生的小事、糾紛總能夠泰然處之。在發生衝突的時候，如果對方不明事理，那麼大可靜靜離開，讓時間去證明一切。如果對方惡意侮辱，也應冷靜對待，做到既不失原則，又不使衝突升高。倘若採取極端的解決方法，結果往往兩敗俱傷，得不償失。

退一步海闊天空，不是教你罔顧尊嚴，而是要你訓練自己遇事冷靜、理智、心胸豁達。來日方長，又何必去爭眼前高低呢？

為人處世必須學會謙讓，不能處處爭強好勝，不能事事想出頭當老大，難行的地方退一步或許會海闊天空。人生得意的時候也應把功勞讓一些給別人，不要居功自傲，不能得意忘形。何況人類的感情複雜無比，人心的變化也是層出不窮。今天認為是美的東西明天就有可能認為是醜，今天認為是可愛的東西，明天就有可能認為是可恨。所謂「人情冷暖，世態炎涼」、「人情反復，世路崎嶇」，人生總是諸多險阻，到處都有陷阱。必須要培養高尚的謙讓美德，遇到行不通的事不要勉強去做。換句話說，人生之路有高低、有曲折、有平坦，當你遇到挫折時必須鼓足勇氣繼續奮鬥，當你事業飛黃騰達時，不要忘記救助那些窮苦的人，因為這樣可以幫你自己防範禍患於未然。這樣，知退一步之法，明讓三分之功，不僅是一種謙讓美德，也是一種安身立命的方法。

許多人血氣方剛，常常為了發洩一時心頭之恨，糊塗地犯下滔天大罪，造成了終身的遺憾、家人的不幸，這實在是太不值得了。其實只要在做事之前，多一分考量，以清晰的頭腦、心平氣和的態度去面對，就可以避免人與人之間所有的不愉快了。

只要我們能用廣闊的心量來對待事物，再難處的人都可以與我們和平相處。

不可動怒，怒傷心身

▼有老僧入定的心情，那些激怒你的動作自然會消失於無形。

有句話說：「要消滅他，先激怒他！」

激怒他，那不是會挑起他的脾氣，反而替自己帶來麻煩嗎？

此問有理，挑起他的脾氣正是激怒他的目的之一。本來他也許並不打算跟你鬥，但你挑起了他的脾氣，你便有了對手；只要有了對手，不管要鬥多久，總會有個「結果」，而「麻煩」當然是「副產品」，但如果能「消滅」他，這「麻煩」便不算什麼了。

那麼，「激怒」他，就真的能「消滅」他嗎？

如果是有計劃的、謀定而後動的激怒，那麼消滅對方的可能性就很高，因為對方的反應都已在你的掌握之中，而對方在被你激怒之後，可能會因為情緒和理智失去平衡而作出錯誤的判斷，你甚至可以不動聲色，便使他處於不利的境地。

說這麼多，並不是要你去激怒別人，好達到你的目的。事實上，要激怒別人，還得有兩把刷子才行，必須費心籌謀，多辛苦。

但是，你不去激怒別人，別人卻有可能為種種目的來激怒你，你若不察、不慎，便會掉入別人為你設計的情緒圈套當中。

一般來說，別人可能以兩種方式激怒你：

第一種是在言語上激怒你，譬如說諷刺你、嘲笑你、挖苦你，或指桑罵槐、無中生有、含沙射影……

第二種是在工作上激怒你，譬如故意為難你，左一句「很難配合」，右一句「可行性不高」……

如果對方有心激怒你，這些動作都會表現得不慍不火，甚至姿態擺得很低，你明知他是故意的，卻一點辦法也沒有，唯一的辦法只有忍下來，不動聲色；他的言語，不要去理會，若要反駁，也要笑著反駁，溫和的解釋；他在工作上為難你，你只好平心靜氣地，一而再、再而三地請求，或央求同事朋友幫忙，他姿態低，你的姿態要更低。

你千萬不可被他激怒，你一怒，大家都會看著你而不會去看他，大家只看到你喪失理性的怒火，不會看到他的伎倆。於是，本來你是無辜的，怒火一燒，你就變成理虧了。如果不能控制自己的情緒，你的滿腔怒火可能讓你說了很多不該說的話，做了很多不該做的事，也給了別人很多把柄，他分毫未損，而你卻已遍體鱗傷，甚至一蹶不振！

所以，不管在什麼樣的情況下，千萬別被激怒。只要你有老僧入定的心情，那些激怒你的動作自然會消失於無形。而且，以後再也不會有人來激怒你。

耶魯大學的西格爾．巴塞德教授和費爾菲爾德大學的唐納德．吉布森最近所做的一項研究發現，有四分之一的人在工作中容易產生輕微的怒氣。在辦公室裡工作的人群中容易脾氣暴躁的人，多半上下班往返奔波的路程都較長，因而產生厭煩的情緒，由此便可以猜想他們晚上回家時的樣子。

憤怒是一種正常的情緒，但如何化解憤怒卻是一門學問。「這是一種釋放。」人們這樣說，「把憤怒從你的身體裡驅逐出去。」不過，透過大喊大叫、扔東西或是重擊我們的鍵盤來發洩憤怒，會對我們的同事、家庭和我們自己產生不好的影響。

這裡有一些控制憤怒的方法可供參考。

一、快要發脾氣時，你可以深吸一口氣。當你心煩意亂的時候，停下手中的事，深吸一口氣，會對你有極大的幫助。當你生氣的時候，身體釋放的腎上腺素會使你的心跳加快、血壓升高，這會使你想要逃離或是變得好鬥。深吸一口氣能使你的心跳恢復正常，並向大腦發出不需要腎上腺素的信號。

二、從身處的環境中走開。如果你感到心裡充滿了憤怒，就從令你感到憤怒的環境中走開一會兒，給自己一個恢復自制的時間。深呼吸兩三次，往臉上潑些水，上下跳躍幾次。等到你能夠理智地思考問題以後，再回到麻煩中來，想辦法解決它。

三、清晰地表達出你的煩惱。「你總是」或者「我決不」這樣的語句很少能客觀反映事實，更不能解決爭端。避免使用這類斬釘截鐵的話語，如果是別人錯了，給他一個道歉的機會吧。

三、用寫日記的方式來發洩憤怒。如果你發現自己經常生氣，那麼寫日記就是一個讓你把失望和煩惱發洩出來最安全的好方法。把你的憤怒寫在紙上是一種發洩，而這個方法，誰都不會受到傷害。

四、瞭解引起憤怒的原因。在你生氣的時候，要特別注意是什麼事情引起你的憤怒，然後再想辦法去解決它。如果你知道自己在疲勞的時候更容易發怒，那麼就不要在深夜和另一半討論重大問題。你可以這樣說：「現在我不想討論這個問題，我們能不能等星期三再談，那天我可以早點下班。」指定一個時間的方式，讓對方明白你不是想迴避這個話題，而是真誠地在尋找一個兩全其美的解決辦法。

如果憤怒正逐漸成為你生活的主要部分，那麼你應該找一位心理醫師，他能幫忙你找到憤怒的原因，並且為你提供一個有效的解決辦法。

其實憤怒與爭吵並不可怕，可怕的是無法冷靜、不能忍讓。只要有一方能夠冷靜、忍讓，那麼另一方發洩情緒之後，也自會反省錯誤。如果雙方都不忍讓，最後感情只會越吵越糟。所以，冷靜、忍讓是化解矛盾的最好方式。

總之，做人處事應該提升自己控制憤怒情緒的能力，時時提醒自己控制情緒的波動。千萬別動不動就指責別人，改掉喜怒無常的壞毛病，努力使自己成為一個容易接受別人也被別人接受、性格隨和的人。只有這樣，才能深悟以「和」為貴的做人妙趣。

不可抱怨，腳踏實地

▼抱怨就是往自己的鞋子裡倒水，穿著一雙注滿水的鞋子怎麼能走得快？

有一天下班後，同事聚餐，小王也去了。一堆同事圍坐在一起，不知是誰說起老闆的不公，總是啟用庸才忽視真正的人才。這個話題，一下子點燃了小王內心的導火線。

因為喝了一點酒，他膽子也大了起來，喋喋不休地說起小趙壞話：「小趙憑什麼能得到公司的重用？不就是因為他是老闆的親戚嗎？論才能他不及我，論學歷他也沒我高，論工作表現他才讓公司虧了一大筆錢……」

酒醒之後已是第二天早晨，想起昨晚的抱怨，他多少有些後悔。但是說出了那些在心裡憋了很久的話，他覺得心裡輕鬆了許多，舒暢了許多。

不久，公司人事調動，老闆找他談話，他忐忑不安地走進了老闆辦公室。老闆跟平常一樣臉上掛著微笑，待他依舊如往昔。

老闆說：「我知道你很有能力，有朝一日一定會有所作為，本來我是希望讓你從小事情做起，親力親為，公司方面也會提供給你重要儲備幹部的訓練。你也知道，一個連小事情都做不好的人怎麼能做大事？你抱怨的事情我都聽說了，我只能說很遺憾。如果你將來換了新的工作，一定要腳踏實地從小事做起。別抱怨，抱怨會埋沒你的才氣。」

小王就像被狠狠澆了一盆冷水的小狗，低下了驕傲的頭，落寞地走出老闆的辦公室，機遇就這樣與他擦肩而過。

是誰說過，抱怨就像是往自己的鞋子裡倒水。穿著一雙注滿水的鞋子怎麼能走得快？很多人都愛抱怨，抱怨加薪的幅度不如同事多、抱怨上司不公平、抱怨物價越來越貴、抱怨街上車多如蟻、抱怨老婆越來越會花錢、抱怨兒子越來越不乖……抱怨成為了一種習慣。當你把抱怨當成捍衛自己的盾牌時，不僅只是埋沒你的才氣而已，親人和朋友也會一一遠離。

如果抱怨能解除自己心中那股怨氣，那麼適當地抱怨也無可厚非；但如果怨氣出了仍無法解決問題，心中的大石依舊存在，那還真是不划算。

抱怨自然有它的「好處」，因為怪別人很容易，隨時隨地可以找到抱怨的題材。

不想讀書可以怪老師教得差，人際關係不好可以怪大家不瞭解你，吃得太胖可以怪媽媽或老婆煮的東西太油膩，同事升職可以怪老闆偏心，就算升職的是自己也可以怪老闆故意加重自己的工作，受殘破的婚姻折磨半輩子是因為傳統壓力，中了彩券可以抱怨還要繳稅金。我還曾聽過一位想當偉大小說家卻從沒寫出任何東西的人，竟然抱怨自己沒有機會生在大時代，因為沒有戰亂、沒有流離顛沛，所以他沒有取材的靈感。

如果我們的情緒像一間屋子，那麼，抱怨就像蟑螂和螞蟻一樣，如果你清掃的方式不對，它們就會出現在每一個你不想看到的地方。若你不加以阻止，它們還會用近乎細菌繁殖的速度增生。終有一天，你會覺得沒看到蟑螂和螞蟻倒有點怪怪的。

有些人，靠抱怨來引人注意，甚至打著「建設性批評」的招牌抱怨，還有人拿抱怨當溝通。真假建設性批評的區別，只在於你能不能在批評之後提出更好的方案。沒有建設性、沒有經過內省的溝通，其實只是化了粧、易了容的抱怨而已。

一般人會認為「抱怨」是一種發洩的方式，誰能夠發誓自己從來沒有抱怨過？但如果抱怨的內容不斷地重複，那就表示是自己有問題，而且不肯面對問題，只是企圖用抱怨來挪開正視問題的眼光。

無論如何，抱怨是負面效應。越抱怨，就越發現值得抱怨的事情一直增加。因為花越多的時間去抱怨，就留下越少時間改善使自己抱怨的地方。

一肚子怨氣的人，總是散發著一種滿腔怒氣的氛圍，讓人覺得跟他相處老是有一塊黑壓壓的雲層遮住大好晴天；一旦遠離他，週遭也就慢慢恢復艷陽高照。

人為什麼會抱怨呢，盲目比較的浮躁，造成感情的失衡和滿腹的牢騷與怨氣。社會分工決定了人各自的位置與責任，自然就產生了利益和位置的差異，特別是以競爭為前提的市場經濟社會，更是提供了每個人各自展現的舞台，雖然也有很多的不公平，但物競天擇、優勝劣敗，自然規律不可逆轉。

就連愛因斯坦也說過：天才是九十九分的努力加上一分的天份，那你說呢？如果想在事業上成為天才，你必須付出九十九分的努力才有機會。但這樣不夠，還要加上一分的天份才行。

換句話說，如果你連九十九分的努力都不願意付出，就算上天已經給了你一分天份，會有用嗎？所以只有主動適應環境變化的人，努力付出，不斷進取，才能有更廣泛的生存空間。

到底該如何面對競爭？在競爭的社會裡又應該如何生活？這是每個人應該嚴肅對待的問題，誰也無法迴避。

如果不能正視差異，總是想著自己這裡不如人那裡不如人，自己跟自己過不去，陷入自怨自卑自傲的困惑而不能自拔、委靡不振，不願意發奮努力去創造機會改變環境，也就無法正視現實，很難腳踏實地做出令自己滿意的成績。

停止任何沒有意義的抱怨，將注意力放在如何將工作做到最好。我們身邊大部分人都將職業滿足感和好工作聯繫在一起，可是，比成就感和滿足感更為重要的因素是：你能將一份工作做得有多好。

如果你已經獲得了一份夢寐以求的工作，卻沒有掌握好自己崗位應負的職責，即使是好工作最終也變成了壞工作。相反的，如果目前你的工作不理想，但經過努力，卻可能使結果變成理想的。所以，停止抱怨，腳踏實地的工作吧！

Chapter 04

克制慾望，讓心態永保青春

生活不可能按照我們的意願運轉，
奢求得再多，不該是你的仍然不會屬於你。
慾望越多，生命就會顯得越發沉重。
知足者常樂，能夠得到的就好好珍惜，
並從中挖掘出滿足、自信和快樂。
不能得到的就要學會放棄，不要自我折磨。

不圖虛名，沒有累贅

▼「虛名」累人處比助人處多。

有個故事是這樣的：一位婦科名醫收了一位病人，經過一番檢查，名醫說：「你子宮裡長了一個腫瘤，最好趕快拿掉！」

手術很快就安排進行了。名醫打開了病人的腹部，準備取出子宮中的腫瘤。但是他突然全身一震，刀子停在半空中。他看到了一件行醫數十年來從不曾遇到過的事：子宮裡長的不是腫瘤，而是個胎兒。如果他繼續下刀，硬把胎兒拿掉，然後告訴病人摘除的是腫瘤，並且那所謂的腫瘤一定不會復發，病人一定會感恩萬分。

但他沒有這樣做，經過幾秒鐘的思考後，他冷靜地為病人縫合傷口，將事實告訴患者……最後，孩子安全產下，而且發育正常，但是這位名醫卻因為法律訴訟而差點破了產。

為名利拚命的人，算不得大勇。不顧自己名譽只為維護真理的人，才是真正的勇者，才可以毫無包袱，輕鬆地去面對以後的人生。如果這位名醫當初為了自己的名譽，直接將小孩當做腫瘤摘除的話，也許他收到的不是官司而是那位病人一生的感謝。他不但可以保有名譽，還可以因此錦上添花，但這樣做會不會讓他良心不安，一生都要承受著扼殺一個小生命的罪惡感呢？帶著這樣的罪惡感，他還可以接受病人加在他身上的萬般感謝嗎？如果有任何一個人或任何一個團體樂於背負虛名，那無疑是飲鴆止渴，那將會對個人成長、事業發展留下禍患。

想當年「力拔山河氣蓋世」的項羽，出於「富貴而不歸鄉，如衣錦夜行，誰知之者」的目的，在滅秦之後捨棄關中戰略要地，偏要跑回老家去做西楚霸王，才給了對手可乘之機，最終落得四面楚歌的結局，拔劍自刎於烏江邊，項羽正是為虛名所累。只有那些能夠不為虛名所動的人，才可以不因貪求虛名而為自己再增加任何的負擔。

擁有本身並不是一項負累，但太過於執著你所擁有的，就成了負累。不圖虛名，不貪虛功，雖然有時也會遭遇誤解，吃一些眼前虧，但我們要像這位名醫一樣：只要是真理，即使吃虧，也無怨無悔，即使有損名譽，也應該要對得起自己的良心，不要為了維護虛名而讓自己承擔更多的累贅。

擁有特殊身份的人們更應該高瞻遠矚，而非熱衷於外界各種機構所做的調查或獎項，甚至期望它們可能為自己帶來的聲望和其他利益，真正的榮譽應來自於自己的實力和企業的成績。

坊間有許多「大企業家」、「企業名流」、「傑出才俊」等評選，主動為企業經營者進行評比，藉此提升自身機構的聲望。頒獎大會上的風光熱鬧，以及報紙雜誌親朋好友的轟動慶賀，事實上對企業家個人的領導經營能力、公司運行的好壞，並沒有實質的幫助，也無法增加個人財富。更有甚者，這類活動不過是主辦單位為了尋找贊助商，或拉抬自己公司聲勢的工具，企業經營者的參與只是更加提升這類活動的曝光率而已。企業家應重視的是名實相符，而要做到這一點，不可能靠少數人投票，一定要靠自己的實力及經營的成效。有實力與成效，才能真正保有地位與財富。

很多國家的政治人物，經常參考民間機構的聲望調查。但是，很少有政治人物會在意這種調查的結果。因為，聲望就像溫度計的上升與下降一樣，一件偶然的善舉，可能將你送上聲望的高峰，另一件突發的事件，就可能讓你聲望跌入谷底。昨天與今天的聲望，可能就像股票暴漲暴跌一般，有天壤之別。假如政治家天天都要關心自己的聲望，那他將背負著極大的負擔，簡直什麼事都不能做了。

同樣的，企業家也不可過分在意自己的名望，更不可相信名望能為你帶來什麼實際利益，「虛名」累人處比助人處多。實至名歸的企業家，是在自然而然的情況下，得到社會大眾的認可，而不是靠大眾傳媒或選拔機構吹捧製造出來的。過分在意名望的人，只會被人利用、恥笑。在吹捧情況下創造出的聲望，被吹捧的一方既不自在也不愜意，而吹捧人那一方則是連自己也不相信對方真有那麼好，最後等於是一場鬧劇。最糟的是被吹捧的人受到那麼多的注目，真的開始自以為是起來，末了發現竟是黃粱一夢，什麼也沒得到。

無論從政還是經商，在我們的工作生活中，過分注重追求所謂的虛名，不懂得忍耐，不明白徒有虛名只會讓我們增加更多無謂的負擔，某一天你將會發現大部分的精力都被這種無謂的追求給佔據了，變的沒有多餘的心力去追求真正無愧於心的「名利」或「聲望」。不錯，不管是個人還是團體，不管是從政還是經商，追求的本質都是利潤，那麼只要你有能力去追求利潤、創造財富，而又不違背自己的良心和社會責任的話，個人的聲譽、企業的聲望自然而然都會降臨，這並不是因為你汲汲營營地以名譽為目標所得到的，而是因為你懂得忍耐住名譽的誘惑，真正用自己的能力去獲得別人的讚賞，這種獲得名譽的方式，才不會造成任何的負面影響，也不會令名譽、聲望如春水東流一去不回頭。

不求虛名，才可以讓我們心無雜念地投身於所從事的行業中，以不增加我們原本已滿溢的大腦和心靈負擔的方式，輕裝上陣去實現理想。如果沒有辦法忍耐住對虛名的渴望，則在努力追求的過程中，不僅讓心靈承受著龐大的壓力，而且也會因此為別人所不齒。只有不圖虛名，才能不為自己增加負累，以輕鬆的心情攀登成功之巔。

無限奢望，無限失望

▼人生當然可以有夢，但逐夢要踏實。

人們常常抱怨：工作同事間總是不互相幫忙、學校同學間總是不互助合作、生活中人與人之間的氣氛越來越淡……人們總奢望著周遭的人在需要時都可以幫助自己，所有的事情別人都可以替自己做好，希望這個世界上的人都是善良的，希望別人把他們辛苦得來的經驗毫無保留地送給你……可是假如這世界上的人真如你所想像的美好，而每個人也都像你一樣不斷地奢望著別人的幫助，這世界有可能繼續發展、進步嗎？如果每個人都把所有的時間和精力放在奢望上的話，他還有足夠的精力去做好他應該做的事嗎？

在這個社會上，人與動物最大的區別就在於人懂得不斷地幻想，常言道：「人生有夢，逐夢踏實。」這也說明了凡事都有限度，當你的幻想超過了這個限度以後就不能再為你帶來任何效益，反而有可能帶著你離成功越來越遠，甚至走向毀滅。

如果人們對金錢過度地奢望，以致於沒有財富的人迫於貧困而去犯罪，有權有勢的人利用手中的權力謀取暴利，最後造成人與人之間的距離越來越大……那麼這種奢望所帶來的，將是無窮無盡的牢獄之災、是名譽的損失、朋友的眾叛親離。

當碰到困境的時候，不要奢望上帝遲早會將你拉拔出地獄、不要奢望他人一定會給予你幫助，要知道如果你將奢望的時間用在努力上，你將可以成就更多的事情。否則，過多的奢望只會讓你不停地抱怨、讓你覺得沒有信心去做任何事情，沒有信心去實踐理想。只有能夠克制無止盡奢望的人，才可以將自己的精力都用在需要實踐的計劃上，你會因此不斷地進步、不斷地獲得努力的結果。

工作生活當中，不要奢望身邊的人可以不停給你機會和鼓勵，自信不能夠靠別人給，你應該做的是主動出擊，充分發揮自己的潛力，讓別人看到你的優點，而不是躲在角落裡等待著他人的發掘，或是懷才不遇地自怨自艾。不要奢望每個人都有足夠的時間和精力去關注你的成功或給你發光的機會，只有透過積極主動的表現，顯露自己的能力和創意，才會成為成功者，總是奢望著好事自動降臨的人，終將與失敗為伍。

所有目標的實現都不可能是一蹴而就的，你不可能剛從學校畢業就擁有比爾·蓋茲或是香港首富李嘉誠一樣的成就和財富，要知道奢望不可能為你帶來財富，他們的成功也不是只因奢望就得以實現，那些成就都是在不斷實現理想的過程中逐一成就的。

《阿甘正傳》中的主人翁阿甘就是因為夢想，才能得到後來的成就？實際上，阿甘的智商並不高，但他的一生卻經歷了許多正常人都不可能經歷的事情，並成就正常人都很難獲得的成功。

主要原因就是因為阿甘他只懂得不停地做，在過程中，他忍住了世間所有的奢望，最終成就了一生的輝煌事業。他的人生一直都那麼簡單、那麼快樂，他所獲得的成就是現今世界上多少人的渴望，處於智能不足的先天條件下，他卻得到了。

不要奢望太多。也許隨著嬰兒的第一聲啼哭，所有的造化就已經尾隨而來，上天注定了所有的苦難和幸福，所以自己要慢慢地學會適應。也許只有親自嘗遍了人間冷暖、世態炎涼，才能把你鍛鍊成一個經得起風雨的人吧！

因為凡是靠一己之力白手起家的人，背後都充滿了不為人知的艱辛。人生在世，並非事事如意，我們都會遇到許多的無奈，你用心地愛著一個人，而那個人卻死心塌地的愛著別人；你工作努力，績效卓著，卻得不到上司的賞識；你花費大量的心血栽培孩子，但孩子不但成績差還常常惹事生非。碰到這些事情的時候，我們總是很少反思自己為什麼要奢望那麼多，除了這些抱怨，難道真的就沒有一件事可以感激的嗎？

我們要學會實實在在的做人做事，兩者都不能有半點虛假。做事總是虛應故事的人，實際上是自己在騙自己，沒有別人會受到傷害。有人會說：「一切不要強求，順其自然就好。」但千萬別曲解了「順其自然」的意思。不強求並不是告訴你不必認真做事，也不是要你消極等待。如果你只顧著做人，忘了也要認真做事，那麼你會活得很痛苦。對生活不能奢望太多，否則你會很失落。也不要苛求太多，否則會充滿痛苦。要隨時去除不著邊際的奢望夢想、隨時清除不切實際的苛求惡念，讓自己的心靈清涼無比，讓自己的身體輕鬆無負擔。不要老是想著自己不該想的，或是做自己能力所不及的事，否則長此以往，你的靈魂將快速墮落，厄運快速降臨，痛苦快速纏繞，快樂從此遠離。所以還是實在做人，認真做事，不要奢望，不要苛求。

要隨時記住——慾望無邊。

人可窮身，不能窮志

▼時時觀照自己的心，探尋生命中無可限量的智慧與勇氣。

自古以來聖賢都提倡人窮志不短，比如不食嗟來之食的廉者，不飲盜泉之水的志士，不為五斗米折腰的愛國者，都是如此。出身無賴的劉邦，人窮卻志氣高，見秦始皇出遊，發出「大丈夫當如此耳」的豪言，日後取秦而代之，成了大漢開國之君。比如朱元璋，做過和尚放過羊，混跡於元末起義軍，竟混成了一個大明世祖皇帝。

可能就在現在這個時刻你口袋裡也是空空如也，你的確沒有多少錢，但錢財只是身外之物，我們所要追求的是志氣。難道因為你沒有錢，就該低人一等嗎？難道就因為口袋空空，就可以沒有辦法忍受誘惑，或是讓自己永遠活在自卑之中嗎？如果這樣的話，所有的志氣和自信都會隨之消失，你也就不可能得到他人的尊敬。一個沒有自信的人不可能有勇氣去追求更多，也沒有勇氣放棄現在所擁有的東西，更沒有勇氣接受自己發生改變。

宋代著名詩人陳師道從小就展現出艱苦頑強的精神，勤奮向學，因為不滿於王安石的經學理論，堅決不肯應試。後來獲得蘇東坡推薦他為徐州教授，接著被召為祕書省正字。《宋史》寫他「高介有節，安貧樂道」，但是還不到五十歲他便過世了。

他是怎麼死的呢？原來他日子過得非常貧苦，有一回參加郊外祭祀剛好是冬天，他卻沒有棉衣可穿，於是他老婆幫他借來了一件棉衣。那棉衣是從一位姓趙的鄰居家裡借來的，他非常討厭那位姓趙的鄰居，堅決不肯穿，所以才會受凍而死。

雖然陳師道因此而死，未免有過於固執之虞，但他對學術的堅持，還是受到了蘇東坡的推薦。我們雖然不能認為凡是貧窮的人就一定非常正派，但是，貧窮的人只要勤勞有骨氣，這些個性就值得我們學習。

在這個社會上有很多東西不應該用金錢來衡量，所以一個人再沒有錢，也不可以失去自己的志氣，那樣只會讓別人瞧不起，也只會讓我們失去更多的財富。在生活工作中，若能夠忍住一時的侮辱，時時觀照自己的心，探尋生命中無可限量的智能與勇氣，在生活、工作中戮力而為，內心的寶藏自會盈滿，就算身無分文仍能挺起胸膛，安心自在地生活。

春秋時代，吳國的公子季禮獨自出外散步。這天，他走著著走著，忽然在路中央發現不知是誰遺失的一串錢。季禮想把錢撿起來，但又覺得彎腰撿錢有失身份，這種事不應該由自己這樣的貴公子來做。他一邊想著一邊朝四面張望，看看有沒有人走過來。剛巧，當時正有一個樵夫擔著剛撿好的兩捆柴從前面過來。季禮心想，如果讓這人去撿錢，他一定會十分感激，他挑的那兩捆柴說不定還不值得這麼多錢哩。

他等到那位樵夫走到跟前，季禮看清了他身上竟然還穿著冬天的皮襖，眼下已經是初夏五月了，雖然並不算十分炎熱，但穿著皮襖也實在是太熱了，季禮認為這人一定很貧窮，告訴他去撿錢正好。

於是季禮大聲對樵夫喊：「喂，你快來把地上的錢撿起來。」

樵夫一看季禮說話的樣子就感到很生氣，他把鐮刀往地上一扔，握起拳頭，朝季禮瞪大眼睛說：「你是誰？憑什麼居高臨下瞧不起人？我既然能在炎熱的夏天裡穿著皮襖去打柴，難道會是個貪圖錢財的人嗎？」

季禮一聽到樵夫說的話，心裡存有幾分敬意，連忙向他道歉：「實在對不起，我錯看了人，請不要見怪！請問先生高姓大名？」

樵夫鄙夷地朝季禮淡淡一笑道：「你這人見識短淺，只會從表面看問題，還那麼盛氣凌人，我有什麼必要對你說出我的姓名呢？」說著，樵夫頭也沒回，不再理睬季禮，拾起鐮刀，對地上的錢連看都沒看一眼就走了。季禮看著樵夫漸漸遠去的背影，慚愧不已。

有的人總是習慣用自己的淺薄見識去衡量別人，實在有點「以小人之心，度君子之腹」。如果連你自己都覺得撿那些錢有損身份的話，又為什麼要求別人去做呢？人們總是習慣性地認為貧窮的人會因為錢財而降低自己的身份，丟棄自己的志氣。如果獲得錢財需要以自己的志氣為代價，那你獲得了又怎麼可能快活地生活呢？你將會一直活在受侮辱的陰影裡，一輩子都不快樂。

人們以為只要有了錢，肯定比那些沒錢的人更幸福快樂。但事實上，貪慾是永無止境的，當我們擁有了錢以後，真的就不會想追求更多的東西了嗎？如果一個人永遠讓自己周旋於這些物質生活的追求當中，又怎麼能快樂幸福地過一輩子呢？錢與權的確很誘人，但它同時也是煩惱的源頭，因為錢與權永遠不嫌少，多了還會希望要更多，永遠無法滿足，以致於使我們在慾望的指使下，逐漸喪失本來清淨無爭的心。為了追求更多的錢與權，最後可能連尊嚴與志氣都喪失了，那可是人類最寶貴的財富啊！

人窮志不窮，無論工作還是生活，只有那些能夠耐得住貧困的人，才可能在他們的學習生活中，取得優異的成績，不斷獲取成就，讓生活更加美好，也才可以期盼隨之而來的巨大財富。

得失隨緣，有得有失

▼所謂「隨緣」。是告訴你要看淡結果，而不是放棄個人努力。

得失隨緣，這本是一句佛家用語，但對一般人而言它又何嘗不是生活的一劑良藥呢？

很多時候佛家的道理其實很具有啟發意義。人得到了當然高興，失去了自然也會懊悔不已，有多少人能真正做到心如止水，得失隨緣呢？

有的人將隨緣理解為什麼也不做，被動地看著事情發生。這是錯誤的。所謂「隨緣」，是告訴你要看淡結果，而不是放棄個人努力。所謂「種因而得果」，如果你希望獲得什麼，就必須要播種才行。種下大豆卻希望獲得西瓜不是隨緣；什麼也不種只期望收成更不是隨緣。

「隨緣」有四大要點：

第一，不要為過去哭泣。

無論過去的結果多麼糟糕，也只是因果循環的過程，不能代表人生的全部，用不著看得太重。

第二，做該做的事。

每個人都可以「想」做很多件事，但只有「有限的能力」做好其中某些事情而已。那麼，理當集中精力做好眼前能做又最要緊的事，其他的則應該暫時捨棄。重要的是不要懈怠，也不需為沒有做好每件事而焦急難受。

第三，不要急功近利。

任何事情的成功都有其原因，亦或者說，都需要充足的條件。如果條件不足，就要先創造條件。而創造條件的過程需要時間，急不得的。

第四，不要因為眼前的境遇而失去自我。

從長遠的角度來看，成敗都是尋常事。沒有人可以一輩子常勝不敗，也沒有人會一輩子久敗不勝。勝了，你還是你，用不著自我膨脹；敗了，你也仍然是你自己，用不著自我貶抑。有的人勝了就自鳴得意，覺得自己無所不能；輸了就怨天尤人，不知自省，這可以說是成敗兩失。

要知道人生其實就是在成與敗的輪迴中不停地運轉，人們不是常說「情場失意，事業得意」嗎？如果你能看破這樣的輪轉，將成敗都視為一種正常現象，能夠忍住失去的痛苦、得到的歡喜之情，就可以淡然地看待整個世界，不會讓境遇左右自己，避免讓自己心態失常、行為變調、遠離自我的價值，甚至到最後生活在不快樂的陰影中。

佛家所言，世間萬事萬物皆有定數和運數，定數雖然無法改變，但運數卻是有可能逆轉的，就看我們如何把握。當我們發現自己走進了死胡同的時候，當下的感覺一定非常絕望，可能因為沒有早點看清前面的路，才作出了錯誤的選擇而後悔莫及。殊不知，此時後悔、猶豫、自責都已於事無補，真正應該做的是想辦法盡快走出死胡同，讓自己迅速修正錯誤選擇，盡快作出正確的決定。

緊貼在眼前冰冷的牆壁，如果你立即轉身，也許正好撞倒堅硬的牆壁上，那樣就會撞傷自己。莫不如先退一步再轉身，也許我們就會平靜許多，做出清晰理智的判斷，選擇一條適合自己的路，不再停留在原地打轉。

然而，很多情況下能如此冷靜理智的也許沒有幾人。很奇怪，人有時候是很可笑的，明明意識到前面沒有路，卻還是抱著僥倖的心理，不見黃河心不死，不見棺材不掉淚，直到撞得傷痕纍纍才肯轉身，最後發現那種痛如此刻骨銘心。人們也許以為經歷了傷痕纍纍的過程才可以讓自己記得更清楚，心中的憤怒才可以發洩出去，其實並非全然如此，人生並不會因為讓自己不快樂，就可以把得失都忘記。相反地，不懂得謀定而後動的人，永遠也不可能得到真正的幸福。

現實生活中，有人為爭得一個頭銜而費盡心機，終日生活在壓力之中，與周圍的人關係搞得很僵。可是，得到了又怎樣，只是加了一道光環而已。為了這虛無的東西放棄身邊美好的人際關係，真的值得嗎？當有人為了自己失去的東西萬分懊惱，甚至絞盡腦汁地想怎樣才能讓別人也失去這樣的東西，以求得心理平衡。殊不知，當他這番煞費苦心的時候，他已經失去了許多本來應該享受的，愉快且輕鬆的時光。

如果把一切都反過來想，又會怎樣呢？

你買了一束鮮花送給久別的朋友，當朋友見到這束鮮花時，他的臉上綻開了比鮮花還要動人的笑容，於是，你獲得了一份比以往更加濃厚的友誼；你為一位老人帶路，老人找到了自己的目的地，他那飽經滄桑的臉上掛著感激的笑容，乾枯的手緊緊握住你，隨著一句「謝謝」，你獲得了輕風拂過臉頰的舒暢與從內心升出的快樂；你捨棄了自己雙手上本來的清爽與乾淨，把一位摔倒在泥坑的小朋友拉起，為他擦淨身上的泥水，他止住了哭泣，於是你獲得了小孩子真誠的感激與他小小的崇拜。

在這個世界上，你會得到很多的東西，也同時將會失去一些。不要過分地計較自己的得失，因為總是在失去某樣東西的同時，你又會獲得某樣東西，而那獲得的往往要比失去的還珍貴。

聲色是假，平淡是真

▼平平淡淡從從容容才是真。

平淡是真。蕩氣迴腸的樂章，始於無聞，終於無聞；湍急飛瀉的瀑布，始於寧靜，終於寧靜；聲勢顯赫的權勢，始於落寞，終於落寞。

形形色色的人生，始於平淡，終於平淡。平淡，才是人生的真正品味。

生命的過程，本來就很平淡，如一片落葉。那掛在樹梢的葉子，起初不過是一片鵝黃，繼而碧綠，甚或泛紅，最後不知不覺地暗淡成褐色，化為泥土，這是自然規律，也是塵世間所有生物的軌跡。

生活的內容，本來也很平淡，如一杯白開水。然而，許多人喜歡根據自己的嗜好，在杯子裡加糖、添鹽、泡茶、裝藥……就是因為這樣，才產生了百味人生，什麼酸甜苦辣，榮辱得失，種種盡在其中。

平淡的日子組成平淡的人生，但這人生卻是真實的。懂得遠離聲色，甘守平淡生活的人，才可以快活地生活一輩子。

所謂的一生，所謂的生活，其實就是由千千萬萬個看似平淡且乏味的日子組成的。但正是因為平淡，才有了收穫的喜悅，才會有經過千山萬水抵達彼岸的自豪和歡欣，甚至一句輕輕問候也會帶來春天般的溫暖；因為平淡，才有了事業成功的輝煌，才會使你因獲得友誼而欣喜，才會歌唱愛的絢麗和偉大……正是因為有了這樣的平淡，懂得忍耐住內心的渴望，才會更加珍惜我們所獲得的平淡事物。生活中有許許多多的人，不求轟轟烈烈、大富大貴，但求平平淡淡、開開心心，而他們也真的做到了。

平淡是生活的一種境界。心境平平淡淡的，就不容易瘋狂、也不容易迷醉，因此處世就能坦坦蕩蕩，做人明明白白。因為心境平靜的，才能夠以豁達的心態去面對起伏的人生，不會因為外界紛繁複雜的世界而迷失了方向，甚至迷失了自我。遠離聲色，甘於平淡，才能以睿智的頭腦整理人生的昨天、過好人生的今天、思考人生的明天，也才會懂得多彩人生需要平淡生活來詮釋，平淡生活需要多彩人生的烘托。有了平淡心境，精神不會頹廢、意志不會消沉、處世不會癲狂、人生軌跡不會偏頗。能夠遠離聲色，願意甘於平淡的心境，才可以忍受住外界的誘惑，心無旁騖不受他人影響地過自己平淡卻開心的一輩子，這樣的生活才會讓我們覺得很溫馨、很舒暢。

徐志摩的詩：「悄悄地我走了，正如我悄悄地來；我揮一揮衣袖，不帶走一片雲彩」。灑脫也罷，豁達也好，其實就是一份平淡。傳達的都是同樣的心境：平淡地面對人生，以自己的方式過自己想要的生活，這樣才可以真正的做到不受外界物質生活所影響，懂得忍耐的重要性，快樂地生活著。

甘於平淡，絕不是平庸和淡漠。平應該是平靜，淡應該是淡泊。平是一種心境，淡是一份情趣。「平」就像山間的泉流，清清澈澈，叮叮咚咚；「淡」就是青草上花的芬芳，斷斷續續，若有若無。平淡不是張揚，它正如春天在我們眼裡，沙灘在我們腳下，藍天在我們頭上，森林在我們心中。

棄官不做的陶淵明退隱世外桃源，每天過著「採菊東籬下，悠然見南山」的生活；甘居陋室的劉禹錫高唱「斯是陋室，唯吾德馨」；才藝絕倫的唐伯虎一生只求「不煉金丹不坐禪，不為商賈不為田；閒來寫就青山賣，不使人間造孽錢」……這些文人都是以他們特殊的方式來表現著自己對聲色的遠離，對平淡的渴望，在這樣的平淡後面，你需要的更是一種靜如湖水般的心。

如果平淡遠離世間的聲色，可以讓人們快樂地生活，那何不試試看呢？如果平淡真的如旁人所說的那麼偉大，那我們就試著忍耐一下，用平淡去成就不平淡。誰也不會認為一粒沙有多麼的不平凡，但就是這麼不起眼的沙，構成了令人震驚的壯麗荒漠之美，也正是它構成了地球上的土地，所以說莫不甘於平淡，要知道偉大通常都是由眾多的平淡所構成的。如果你能夠做到平淡地生活，讓自己永遠都那麼快活，有一天你會不經意地發現你已經創造了許多不平凡，你已經成就了眾多的成功，你已經學會了如何忍耐，如何獲得一輩子的財富——快樂。

只有平淡的人，才會原諒自己，欣賞別人。玫瑰長滿了刺，但能開放嬌豔欲滴的花朵；小溪活潑歡跳，但淺澈自賞。人生沒有十全十美，世界上哪棵樹上沒有疤痕？

只有平淡的人，才會輕鬆地享受生活。一些人無法忍受平淡，因為他們骨子裡隱藏著一絲不安分的情緒。茫茫人海，不知有多少人在仕途上你擁我擠，在慾海裡隨波逐流，在名利場上翻爬打滾。人生確實有許多誘惑亦真亦幻，令人難以取捨。但是正如地球都是由細小塵埃組成一樣，每天平凡的生活瑣碎事構成了生命的永恆，飛揚在空色的黃金塵土只不過是曇花一現。

人生甘露的點點滴滴，都源於平淡，然而芸芸眾生，又有幾人能真正明白享受這種遠在天邊近在眼前的滋味呢？

做一個平淡的人，並不可悲。因為，平平淡淡才是真。最可悲的莫過於，一顆普通的鵝卵石硬要把自己視為藍寶石，一株小草硬要讓自己長成參天大樹。

福禍相依，無怨無求

▼隨時保持平常心，努力催促事情的轉化。

安與危、福與禍，是人們工作、生活中經常遇到的現象。處於安全、幸福的情況下，人們得以安居樂業，幸福快樂。遇到危險、災禍時，人們往往終日煩躁擔心，一籌莫展。這是一般人遇到這兩種情況時，所出現的態度。然而，這兩種心態都只是看到事情的一面，而沒有看到事物會發展、轉化的另一面。

世間一切事物都是持續不斷地發展、變化著。以安危、福禍而論，它們之間是「安危相倚，福禍相生」的，不是截然分開，而是相輔相成，不是一成不變，而是朝著相反方向轉化。也就是說安全可以變成危險，危險也可轉化為安全；幸福可以變成災禍，災禍也可轉化為幸福。

懂得福禍相生，就是懂得在好事中發現壞事，在壞事中看到好事，我們常說的「樂極生悲」也是這個道理。

有一個故事：在戰國時期的宋國，有個只住著一對父子的兩口之家，父子倆都愛行善，三代都不曾鬆懈過，很多處在不幸中的人都曾經獲得他們熱情慷慨的幫助。可是有一年，不知道是什麼緣故，家中的黑牛突然生出了一頭全身雪白的小牛，這到底是好兆頭？還是災禍的先兆？父子倆有些擔心，百思不得其解，於是二人去請教一位能預知未來的老前輩。

老先生對他們倆說：「這是吉利的事。」既然老先生說這是好事，父子倆也就信了，對這件事也不再注意。

可是一年後，突然間父子倆的眼睛無緣無故一起瞎了，更詭異的是就在同一個晚上，黑牛又生了一隻全身雪白的小牛。

兒子對這一年來發生的事情越來越感到不安，於是便再去問那位老先生：「老前輩啊，以前您說黑牛生白犢是吉利的事，但現在父親和我的眼睛卻都無緣無故瞎了，難道這也算是吉利的事嗎？」

老先生說：「是啊！請相信我，也相信你們平時的善舉，這確實是件吉利的事，去祭神還願吧！」

確實如那位老先生所言，他們失去視力不久後，楚國開始攻打宋國，包圍了宋國的都城。青壯年都被拉去當兵打仗，許多士兵都戰死沙場。幸運的是，由於這對父子眼睛是瞎的，所以不用上城把守。父子倆這時才真正體會到不幸之下的萬幸，也很佩服老先生可以從不同面向看待不幸事物的能力，並以此預見幸運即將到來的樂觀精神。

後來，宋國的戰事平息了，父子二人的眼睛同時也奇蹟似地重見光明。災難過後，幸運的事情又重新出現。

這個故事告訴我們，不要以為當前的不幸會變成永恆的禍患，要知道世間萬物都處於不斷變化的過程，從不幸中就已經開始孕育著幸運了，所謂「大難不死必有後福」就是這樣的意思。

懂得禍福相生的人，在生活中就可以無怨無求、忠於親友。吳三連是台南紡織公司董事長，曾任台北市市長與「國大」代表，他為人處世有一套

「三無哲學」，所謂「三無」就是：「無私、無求和無怨」。

他不但能識人，也能用人，而且一向大公無私，唯才是用。以前曾有人勸他加入政黨，並告訴他政治生涯就可因此一帆風順。但他聽到這種說辭後，反而打消了原本參加政黨的動機。這是無私。

他一生都在服務社會，不求個人的榮華富貴。他擁有的企業雖多，但大都是別人出錢，請他去經營的。他的錢財都是左手進，右手出，全拿來幫助別人，所以一生過得很艱苦。這是無求。

他非常推崇鄭板橋「難得糊塗」的人生哲學，不但身體力行，而且經常以此勉勵別人，所以即使吃了一點虧，也從不和人計較。這是無怨。

此外，吳三連很喜歡一則頗富啟示性的故事。

甲與乙是一對交情頗深的好友。有一天，兩人結伴路過一座山頭，甲走在前，乙尾隨在後。忽然由林中竄出一隻大黑熊，甲看見後，竟不通知乙，自己急忙爬到樹上避難。等到乙發現大黑熊時，已經來不及躲避，情急之下裝死倒在路旁。據說熊不吃未腐爛的屍體，所以它走到乙的身旁，聞聞他的身體，以為乙已經死了，想等屍體腐爛後再來食用，於是便掉頭離開。

等熊走後，甲從樹上下來，他很納悶熊為何沒有咬乙，就問乙說：「大黑熊在你耳邊跟你說了些什麼呢？」

乙說：「大黑熊告訴我，你的朋友不但自私而且無情無義，以後不要跟他來往了。」

甲羞愧得無地自容，連忙低頭離去。

吳三連經常以這一則故事勉勵年輕人為人處事一定要講道義，不可以像甲那樣，為了顧自己，就丟下朋友不管了。

明白禍福相生、無怨無求的道理，我們就要善於以發展、轉化的觀點來看待世間一切事物。當處於幸福安樂時，不可忘乎所以，陶醉其中；要時時保持清醒頭腦，充分意識到危險、災禍的一面，做到居安思危。同樣，當遇到危險、災禍時，不要自暴自棄，怨天尤人；要看到光明的一面，樹立戰勝困難的信心，採取果斷的作法。總之，要以冷靜、客觀、求證的方式看待周圍的事情。

明白禍福相生、無怨無求的道理，我們就要積極創造條件，努力促進事物的轉化。幸福不會從天而降，災禍不會自己消除。客觀事物有相互轉化的特性，但要使之成為現實，還要積極創造轉化的條件，也就是充分發揮主動性，依據不同的情況作出實際的努力。

在我們的工作、生活中，經常會遇到諸如安危、福禍這樣相輔相成的事情：如快與慢、優與劣、先與後、盈與虧、盛與衰、興與廢、苦與樂、遠與近、多與少、貧與富、長與短，等等。一時領先，不代表永遠領先；一時落後，也不意味著永遠落後。只要加強努力，刻苦學習，落後就可以轉化為領先。

務必擁有的正確態度是：隨時保持平常心看事情，積極努力催促轉化。如此，才能成為一個敢於面對人生、適應各種不同情況的勇士。

Chapter 05

肯定自己，世界因你而精彩

這個世界上從沒有完美，
正因如此這個世界才更顯真實，
也正因如此斷臂的維納斯倍加美麗。
一個人在面對自己失敗的時候，
不可因沮喪而忘了自身的優點，
因為失敗給了我們不斷完善自己的機會。
我們應該學會肯定自己，
在別人肯定你之前先試著自我肯定。

活出精彩，活出自我

▼別人愛說什麼，就讓別人說吧，態度可以改變一切！

有人說「上學—回家—上學」，是單調的求學之路；有人說「上班—回家—上班」，是平凡的事業之路；有人說「上學—工作—成家—生子—上學」，是乏味的生活之路，聽到這些，令人茫然。

可是，當看到有人成功地用幽默和深刻將單調的求學生涯點綴成繽紛；有人用熱情和真誠將平凡的事業生涯成就了偉大；有人用堅強和不屈將乏味的生活之路轉換為豐盛。……

你應該明白，一個人之所以會精彩，並不是因為他天生與眾不同，只是當同樣單調、平凡、乏味的生活找上他時，他學會了換個態度面對生活。是的，態度可以改變一切！

時間如梭，從我們降生的那天起，人生便開始忙碌，學走路，學說話，學知識，一直到賺錢養家……短短幾十年，就在我們沒有方向、平平淡淡地忙碌中度過了，然而同樣是幾十年的生命，有的人可以名留青史，有的人卻一直默默無名，為什麼我們所敬仰的名人總能充分利用有限的生命，去做有價值的事情？他們從不允許自己在苦惱、埋怨中蹉跎時間，因此他們活得精彩，能夠有不一樣的人生。大部分人都卻忽略了時間的價值，失敗、苦難、困境讓他們害怕、停滯，結果等到年華老去的時候才發現生命一片空白，為時已晚。

生命是上帝賜予我們的財富，我們應該好好利用生命的每一天。相信我們每一個人都是獨一無二的，我們不應該總活在別人的影子裡，忙著欣賞他人的風景而忘記了自己的步伐。過去的時間我們已經無法挽留，只能好好珍惜未來的每一天。每一個人先天的條件都不一樣，不要刻意模仿別人，應該努力尋找自己的價值，活出自己的風采。

在兩千年前，燕國壽陵有一位少年，他有個很大的毛病，就是對自己沒有信心，總覺得別人的東西才是好的，自己則處處不如別人，老是覺得低人一等。他常常哀嘆命運待他不公，鄰家的某某比他英俊，誰誰比他強壯，甚至連別人的食衣住行都比他好。時間一久，他幾乎忘了自己是誰，總是在模仿著別人。

有一天，少年在路上聽到幾個人聊天，說邯鄲人走路姿勢非常美，於是他心動了，但他從沒到過邯鄲，也不認識半個邯鄲人，左思右想都想像不出他們到底是怎麼樣走路的。於是少年乾脆收拾行囊，打算去邯鄲當地學習人家走路。

到了邯鄲以後，少年看得眼睛都直了。果然美呀！邯鄲的小孩兒身姿活潑而輕巧，青年人步伐穩重而瀟灑，女人們走起路來婀娜多姿……他幾乎是看到誰，就開始學誰走路的姿勢。結果半個月過去了，他不但什麼姿勢都沒有學會，反而連自己以前如何走路也記不起來了，最後只能爬著回自己的故鄉。這就是邯鄲學步的故事。

模仿本身並沒有錯，可是當模仿超過了限度，那就是過猶不及了。每一個人都有自己的優缺點，如果無視於自己的價值，非得去走別人的路，那麼恐怕最終迷失的是自己。

每一個人都有適合自己的鞋子，如果非得去套別人的鞋子，那不但不舒服，反而會擠壞我們的腳。穿自己的鞋，走自己的路，別人愛說什麼，就讓別人說吧。

對於人生而言，每一個階段都有每一個階段的精彩，十歲的單純，二十歲的活力，三十歲的奮鬥，四十歲的穩重，五十歲的睿智，六十歲的人生感悟，等等。我們沒必要站在二十歲去羨慕別人的四十歲，更沒有必要站在四十歲去慨嘆青春已逝。何必去羨慕別人呢，站在當前，就要活出當前的精彩，那麼生命才沒有遺憾。

有多少人明白要為自己而活，又有多少人活出了自我？人應該要對自己好一點。小時候我們為苦口婆心的父母而活，上學後為循循善誘的師長而活，工作後為名利、世俗觀念而活。一旦為別人而活，免不了會無時無刻顧慮著別人會怎麼看你，怎麼說你，所以就很難有自己的主見，很容易被他人左右，那你就必然失去自己心靈的自由，生活在別人的意志中。所以，我們要拒絕為別人而活，需要說「不」時，要斷然說「不」，那並不代表你不友善、冷默，而是一種責任、立場，更是對自己、對別人應有的善意。走自己的路，讓別人去說吧！

盧梭說：「大自然塑造了我，然後把模子打碎了。」這話聽起來自負，其實適用於每一個人。你可能成不了曹雪芹、貝多芬、牛頓，但是你完全可以成為你自己。其實做自己喜歡的人並不很難，只需要像一位作家所說的那樣：「……為自己活，照自己的方式做一些自己喜歡的事，不在乎別人的批評意見，不在乎別人的詆毀流言，只在乎那一份隨心所欲的舒坦自然。」我們完全可以將命運牢牢掌握在自己的手中，活得瀟灑一點，活出自我的個性，活出自我的率真。

當然，要活出真我，就需要正確認識並評價自己，最後超越自我。世界上沒有兩片完全相同的葉子，一定要找到你與眾不同的長處，並根據自己的特點去設計成功、追求成功，才可能得到屬於自己的未來。

換個態度對待生活，活出自己的精彩！

千萬別為難自己

▼別跟自己過不去，是一種精神的灑脫。

在這個世界上，有許多事情是我們所難以預料的。
我們不能控制際遇，卻可以掌控自己；
我們無法預知未來，卻可以把握現在；
我們不知道自己的生命到底有多長，卻可以過好當下的生活；
我們左右不了變化無常的天氣，卻可以調整自己的心情。
只要活著，就有希望，別跟自己過不去。
只要每天給自己一個希望，人生就一定不會失色。

在我們生活的每一天中，千萬別為難自己，別跟自己過不去，讓自己的人生充滿希望和快樂。每一天給自己一個希望，每一天進步一點點；每一天給自己一個微笑，每一天保持一個快樂心情。人生不是單色的，不會僅僅只有一個目標，所以放開視野，敞開胸懷，善待自己的每一天。

人生路途上，很多事情都不在我們的掌握之中，但是我們可以靈活地掌控自己，及時扭轉方向，才能換來柳暗花明。鑽牛角尖的堅持已經不是被推崇的人生態度，試著放鬆，試著改變，別跟自己過不去。

人生的苦惱多半來自於自己給自己的困擾，很多時候不是因為擁有的少，而是因為想要的更多。當現實和想像有距離時，煩惱和失望就出現了，然後人就會開始折磨自己，認為自己的人生是失敗的，這種沒有意義的自怨自艾，都是跟慾望較勁的結果。如果能夠把這些跟自己慾望的無謂較勁，放在與命運的抗衡上，肯定會有另一番風景。

人的能力有限，靜下心來想想你會發現人的力量對於宇宙而言，多麼微乎其微。所以生活中真的有很多事情，絕非人類的力量可以辦到，遇到這種狀況，就不要再把責任壓在自己身上了。失眠、抑鬱、失落都是自己加在自己身上的枷鎖，我們要及時清理這些心靈垃圾，輕裝上陣，才能擺脫過去，迎接新的明天。當然，人要對自己有較高的期望，這點沒有問題，充分利用自己的力量，盡力解決問題。當遇到人力所不及的情況時，不要為難自己，只要盡力了，我們就問心無愧。

面對人生要懂得取捨，懂得退讓，別跟自己過不去，這才是人生的智慧。舉個婆媳關係的例子吧，或許很多人現在正為了這個問題頭痛著。

站在局外者的角度上看媳婦和婆婆之間的矛盾：媳婦惹婆婆生氣，婆婆向兒子告狀，兒子再向妻子問罪。這位妻子無論有理無理最後都會惹一肚子氣，折騰一大圈，才發現原來一切竟是自己和自己過不去罷了。事實上，雙方相互理解一點，不但是給對方空間，也是給自己一片海闊天空。從母親的角度來講，兒孫自有兒孫福。孩子們既然都已經長大，就應該放手讓他們為自己負責。為了孩子的事情，母親也已經辛苦了大半輩子，剩下的路就讓孩子獨立去走吧！少插手，少操心，年紀大了已經經不起折騰，何必又要拿兒女事來為難自己呢？從兒女的角度來看，即使沒有血緣關係，對方既是你伴侶的至親，單從這點來看，尊重和關懷也應該是必須的。不要吝嗇財物或者關愛，適當地給予你會收穫更多。只有跟自己過不去的愚者才會把家庭弄得烏煙瘴氣，相信這一點：家和萬事興。

忍一時風平浪靜，退一步海闊天空！用寬闊的胸懷去接受別人，才是聰明之舉。一個人生活得快樂與否並不是從他擁有多少財富、多少權力來決定的，而是由他的心態。一顆快樂的心寬容忍讓、通情達理、不跟自己過不去，這樣才是珍惜自己，熱愛自己。

生活一定存在著苦惱，有時人生的苦惱，不在於自己獲得多少、擁有多少，而是因為自己想得到的更多，因為能力無法達到，所以感到失望與不滿，然後，就自己折磨自己，說自己「太笨」、「不爭氣」等，就這樣經常和自己過不去，跟自己鬧脾氣。

別跟自己過不去，是一種精神的灑脫。心情灰暗的時候，尋找一個發洩鬱悶的出口。成功人士都有一個共同的特點：他們都有一個重要的興趣消遣，來放鬆自己的心情。沒有什麼過不去的難關，沒有什麼跨不過的鴻溝，何必拿外物來折磨自己，苛求自己呢？對自己有信心，對他人有寬容，對生活有微笑，這樣才是善待自己。

別跟自己過不去，每天許下一個願望，那就是給自己一個目標，給自己一點信心。

別跟自己過不去，每天給自己定下一個簡單的目標，我們將因為追求目標而生機蓬勃，激昂澎湃，哪裡還有時間去嘆息、悲哀，將生命浪費在無聊的小事上？

生命是有限的，但希望是無限的，只要別跟自己過不去，不忘每天給自己一個希望，我們就一定能夠擁有豐富多彩的人生。

按照自己的方式生活

▼如果非要按照別人的方式來走，那或許更是一種不幸。

世界上有兩種人，一種人總是按照別人喜歡的方式生活，另一種人則是選擇自己喜歡的方式生活。

按照別人喜歡的方式生活的人，可能有穩定的工作、專一的愛侶、不錯的收入、懂事的孩子，唯一遺憾的是他的生活中似乎總是缺少了點什麼。可能是年輕時的夢想，可能是當年喜歡卻從沒有說出口的人，不過一切都過去了，現在的日子也不錯，只能知足了。

按照自己喜歡的方式生活的人，也可能有兩種不同的生活：一種是已經得到了別人的肯定的人，這也是最幸福、最滿足的人；另一種卻非常不幸，因為他努力追求著夢想卻從沒有實現過，或者夢想實現了，但夢想卻只屬於他一個人，身邊重要的人半點都沒有受惠，甚至還受到傷害。

什麼是成功？不是財源廣進，也不是位高權重。世界上只有一種成功：那就是按照你自己的意願去度過一生。

每個人都是不同的，不要試圖模仿他人，你有你的個性，他有他的個性，成功不會只有一種形式。

你或許也幻想過這樣的情景：有一天，你將擁有一個完全屬於自己的空間，你可以做自己的主人，自由選擇自己喜歡的方式生活。那裡沒有紛爭，沒有暗箭傷人，你可以用自己的方式帶給親人和朋友快樂。在這裡你傷心的時候可以大聲地哭，快樂的時候可以大聲地笑。這便是自由，追求自己嚮往的生活方式，其本質就是追求人生的自由。

有個故事是這樣的。任職於日商顧問公司的李華敏現在有三種身份：白天，她是顧問公司的業務經理；晚上，她是一名作家；到了週末，她便是華敏紙藝館的創始人、藝術總監、紙藝老師。

作為顧問公司的業務經理，上午的她必需坐在電腦前，與日方總公司聯絡，報價，與工廠聯繫，為日本公司尋找客戶。這對於曾經在赫赫有名的日商公司工作過三年的華敏而言，可以說是得心應手、勝任愉快。

華敏在大學時代就非常喜歡寫作，也曾經發表過不少文章，所以她將來或許會以寫書為主。在國外留學打工的時候，她曾為了到一家編輯部工作，放棄了薪水高出好幾倍的兼職時薪。她參與編輯了《六國語會話》的中文部分，這本書也成了她至今珍藏的寶貝。如今她已經出版過五本書籍，她寫書並不是為了出名，只是因為喜歡這項工作，她不想因為一些消極的社會輿論，而放棄她自己喜歡的生活方式。說她追求名聲也好，說她擺高架子也罷，這些都不會妨礙她所決定的生活方式。

到了週末，華敏的活動範圍更大了，她的興趣得到了發揮的空間。她熱愛紙藝、立體畫等，在從事這類指導工作時，她認為自己的人生更加地充實了。

如果我們應該從這位成功女士身上學點什麼，首先就是對自己的肯定，無論別人在說什麼，相信自己的選擇是對的；再者就是對自由的追求，不能因為外物而束縛了飛翔的翅膀，按照自己的方式飛，才能飛得更高更遠更快樂。

所以說，生活方式沒有卑賤之分，適合自己的，能讓自己快樂，就是最好的。追根究柢，生活就是人存在的形式，生活方式便是人的習慣。我們不能因為別人的好惡，而過於注重某些生活方式，並過於貶低另一些生活方式。人和人是不同的，所以各自選擇的生活方式也應該是不同的。我們應該對別人的生活方式給予一定的尊重，這樣也讓我們不用背負那麼沉重的心理負擔，可以自由地選擇喜歡的生活方式。

人有時候總是強迫自己隨著別人的看法去改變，卻因此失去了自己最為真實、可愛的一面。不要過度依賴俗世的看法，每一個人都應該按照自己喜歡的方式過生活。因為生命本身才是最珍貴的，沒有什麼能比快樂的人生更值得你去爭取。生命是多姿多彩的，該用什麼方式過生活沒有標準答案，自己喜歡、感覺自由和愉快那就是好的。

一位抱著單身主義的朋友，在面對家人朋友時，總是為了單身的選擇遭到不解甚至排斥。當朋友問他還會堅持下去嗎，他輕鬆地聳了聳肩，說：

「為什麼不?我喜歡這種生活方式，我感到自由和幸福，這種幸福的本質和他們所認為的家庭幸福沒有區別。我不會強迫別人接受我的生活方式，但是我也不會強迫自己去改變、適應周圍人的生活。」用自己喜歡的方式去生活，我想，這樣才算活出自我吧!如果非要自己按照別人的方式來走，那或許更是一種不幸。

按照自己的生活方式過日子吧，也許只有這時候我們才不是被動的，也許只有這時候面對著自己的思想和感覺，才是真正地在做著自己。生活應該簡簡單單，按著自己的方式過著，才能在簡單的基礎上畫出五彩的圖案。

不要影響別人的工作與生活，不要侵犯別人享受自己生活方式的權利，按照自己的方式生活吧!

自我減壓，生活長青

▼你也進入「亞健康」狀態了嗎？

世界衛生組織（WHO）對健康下了一個定義：「健康應該是身體、心理和社會適應的完滿狀態，不僅只是沒有疾病和衰弱的狀態」。那麼，最近經常提到的「亞健康」狀態，就是處於不健康又不生病的灰色地帶。

亞健康的定義就是：「明明沒有生病，卻總是感覺身體不夠健康。尤其因為內外環境的刺激，引起心理、生理的變化，但就醫療上來看，卻又沒有明顯病理性反應。」

競爭的日益激烈，讓我們的壓力無處不在。於是我們被頭痛，消化不良，精神不佳，失眠等痛苦折磨著，然而當我們真正走進醫院時，卻發現我們又沒有得到什麼病症。

你曾發生過這樣的狀況嗎？那麼，你也進入了「亞健康」狀態。這時候或許心理醫生可以告訴你真正的原因：你該為心靈減肥了。

壓力除了令人人感到緊張外，還能夠刺激人們不斷奮進。適當的壓力是理想的，它可以激勵我們，壓力可以轉化成不斷前進的動力。但是現代生活的壓力，已經不是少數人能承受的現象了，越來越多的人成為壓力過大的受害者。

壓力的來源有兩種，一種是工作壓力，一種是心理壓力。這兩種壓力看似不同，其實卻息息相關，我們經常看到過重的工作壓力直接導致了心理壓力的升級。

正常的壓力其實是好的，可怕的是重壓之下，一個人的正常工作狀態可能就會受到負面影響，接著心理問題便陸續出現。過大的壓力不但不利於人的成長，反而會妨礙到工作和生活。

青年時期正是為自己為家人奮鬥的最佳階段，也是面臨人生困境最多的時期。如果不能學會為自己減壓，那麼很有可能會走上健康與事業雙雙失敗的途徑。所以正值這個階段的人們，面對壓力，首先要學會的就是「不要懼怕」，要學會看輕、看淡壓力。

壓力其實就是一種心理反應，你越是懼怕它，它反而越是強大。想要減輕心中的壓力，關鍵就是要把自己的心態調整平衡。在工作中遇到工作量大或難度過高等困難的時候，要保持樂觀、積極的心態，如果總是以悲觀、消極的方式看待，不但不利於工作的進行，反而會由於心理上感到疲憊而延緩工作進度。

所謂「減壓」並不是指放棄對工作、生活的認真程度，而是主動改變心態，帶領自己用樂觀的方式面對生活。當你被工作、學習、生活等種種壓力壓得疲憊不堪時，應當學會適時為自己減壓，才能始終保持青春活力，精神煥發地做好工作。

不要無端添憂。人常常會為很多事情操心：自己的工作，家人的事業，夫妻的感情，孩子的成長，父母的健康，這些事情時常佔據著大腦。愛操心的人擔心的事更多：上司要的報告今天趕不完怎麼辦？下午有個不太想見的外地客戶可能會來，晚上還得請他吃飯，明天他要是不走怎麼辦？甚至還要為尚未發生的事情擔心，這些怎麼可能不佔用精力、不耗費時間？其實當下應該讓其他事情暫時靠邊站，全力以赴地完成報告就好。

下午的客戶還不一定來，即便來了也可能自己另有安排，跟本不需要提前緊張。所以，在這樣的狀況下，應該先把所有的事情排好優先順序，只為最重要的那一件事情擔心就好，先解決最重要的事，至於根本還沒發生的事情，乾脆地甩甩頭，把它從腦子裡趕走。

你可以說出你的擔憂。人生在世，總要交幾個知心朋友，累了煩了可以相互交流工作心得、家庭瑣事以及生活中各種愉快或不愉快的事。很多的煩惱或擔憂，說出來了以後往往就好了一大半。

人逢知己多半都有傾訴欲的，某些時候丈夫或妻子可能會覺得自己嘮叨，但好朋友肯定不會。傾訴對象可以是同性或異性的朋友，可能在把酒言歡中隨口說說，如果知己是年長許多的長輩，那就更難得了，經由對方的寶貴經驗，你可以獲益良多。

嘗試徹底放鬆一下。工作計劃上，排入放鬆的計劃絕對很重要。就一天而言，在經過一上午的忙亂後，小小的午休一下。

不一定非得要躺在床上呼呼大睡，簡單的靠在椅背上，把腳稍稍墊高，在臉上蓋一張報紙，既可擋光，又可讓同事知道：午休時間，請勿打擾。這樣的休息只要十五分鐘就保證你會有個精力充沛的下半天。

適當進行運動。健康的身體是生命中一切事情的前提。有人這樣比喻人生：如果健康代表一（1），而生命中其他的一切事業、財富、愛情、名譽等，是跟在一後面的零（0）。零越多，數字越大，幸福的可能性也就隨之增大，但是，如果沒有前面那個一，再多的零也永遠等於無。

因此無疑地，健康非常重要，運動可以達到釋放壓力的作用。坊間有各式各樣的課程：瑜伽、街舞、跆拳道，都是運動的好方法。此外，每週抽出一點時間游泳、打球，哪怕只是晚餐後在附近公園散散步、逛逛街，都有益身心。在辦公室坐久了，只是站起來走動、活動一下筋骨，對身體也是有好處的。

最重要的是切莫輕易認為自己有很多缺點：做事粗心，不夠專注，沒能把握好升職的機會……想著想著就鑽牛角尖了，覺得自己一無是處，心情沮喪極了。能夠反省固然是好事，但不該總是強調自己的缺點，忽略優點。其實缺點未必不可以轉化成優點的，總認為自己這樣沒能力、那樣做不好，當然會無端增添壓力。

學會為自己減壓，才能更加懂得如何生活。

爭取、放棄，都是機會

▼聰明的放棄是尋找生活平衡的人生藝術。

原諒過去，寬容自己，給自己一個機會！怎麼樣才能給自己機會呢？你要學會的有兩點：一是爭取，一是放棄。

人非聖賢，孰能無過。人生就是從錯誤中不斷重來，最終明白真理的過程。沒有任何一個人的人生是完美的，犯錯是我們必然經歷的環節。知過而能改，善莫大焉。只要錯誤能夠改正，那就是好的。很多人沉湎於過去，沉浸在失敗或錯誤中無法釋懷，這顯然是愚蠢的行為。很多時候，我們都可以原諒他人的過錯，那又為什麼反而對自己如此苛刻？要懂得善待自己，再給自己一次機會。

在人生的旅途中，有時候耕種或許收穫不到果實，汗水或許換取不到笑容，這時你便輕易地放棄、輕易地對自己失望了嗎？付出與收穫的天平多少總會有一些誤差，成功之前總是有一些失敗，如果因為一次跌倒而不願再站起來行走，那麼何時才能夠爬到終點？

失敗並不可怕，可怕的是放棄信心，放棄希望，甚至不留給自己一個再次奮鬥的機會。看看已經成功的人，他們都有一顆堅持的心，跌倒了怕什麼呢，爬起來再給自己一個新的機會就好了。

桑德斯在六十五歲時還身無分文，當他拿到生平第一張救濟金支票時，金額只有一百零五美元，但他沒有抱怨，而是問自己：「到底我對人們能作出什麼貢獻呢？我有什麼可以回饋的呢？」

隨之，他便思量起自己的所有，試圖找出自己可以有所作為之處。頭一個浮上他心頭的答案是：「很好，我擁有一份人人都會喜歡的炸雞祕方，不知道餐館要不要？如果我不只賣這份炸雞祕方，同時還教他們怎樣才能炸得好，那麼餐館的生意一定可以越做越好。」

桑德斯立刻展開了行動，他挨家挨戶地敲門，把自己的想法告訴每家餐館：「我有一份上好的炸雞祕方，如果你能採用，相信生意一定會很好，而我希望能從增加的營業額裡抽成。」

然而，很多餐館的老闆都直接拒絕了他：「得了吧，老傢伙，若是有這麼好的祕方，你為什麼還穿著這麼可笑的白色服裝，不要再騙我們了，你還是回去養老吧！」

無數次遭受到拒絕並沒有打擊他的自信，他為自己打氣：「沒關係，他們都不知道我的炸雞祕方是獨一無二的，肯定會有人接納它的。對！再試一家，還有機會的。」

執著的桑德斯最終找到了一家餐館願意使用他的祕方，那是在他在被拒絕第一千零九次以後，他終於為自己贏來了一個機會。

桑德斯就是肯德雞速食店的創始人。

事實上，從我們降臨到這個世界上，便已經學會了再給自己一個機會：我們學會了走路、說話、識字……然而隨著我們的成長，反而越來越膽小了，我們變得怯懦、害怕失敗、害怕挫折，甚至只因為跌倒了一次，就而再也爬不起來了。

長久以來，在人們的慣性思維裡，放棄被認為是失敗者和懦弱者的選擇。但是，如果你能聰明地學會放棄，那可能是一個人可以作出最積極、最有效的決定。因為聰明的放棄是尋找生活平衡的人生藝術，它要求有面對挑戰的勇氣，也要求足夠的智慧來決定。學會放棄，也就證明了你已經想清楚自己到底適合做什麼，那麼，你又多了一次選擇生活的機會。

如果你感到很大的壓力和焦慮，經常無法入睡；如果你對自己的工作總是無精打采、精神疲憊，思維遲鈍或失去興趣的話，那就說明你已經不適合做這份工作了，應該適時地做一些調整。

為了能讓自己的聰明才智發揮更大的作用，為什麼不勇敢地選擇放棄一次呢？如果退一步就能海闊天空，那麼你應該學會傾聽發自內心的聲音，讓自己來決定命運，而不要總是沉浸在「做事要有恆心，不能輕易言退」的教條裡。

適時的放棄，在精神上是種極大的自由和解放，它能讓你放開心胸，重新找回自我，傾聽心靈深處的聲音，那些你從來沒注意到的心靈聲音，會讓你的生命再次充滿活力和希望。

埃文・哈里斯在《退出的藝術》一書中，就告訴讀者如何放棄自己應該放棄的東西。所有事情都必須有一個結束。藉由選擇辭去一份工作、結束一段關係、放棄一種思維方式或者戒除一種壞習慣，來重新安排自己的命運。

人的一生，就像是行駛在大海裡的一艘船，要在不同的氣候、時間和地點之間，作出不同的調整和選擇。一旦選擇就必然會帶來一些放棄，也只有這樣，船才能按照既定的航線，順利地到達目的地，避免遇到更多更大的風險。

有很多時候，為了使前進的路程更順暢，只好選擇放棄一些眼前的利益。但不是因為害怕而放棄，也不能因為膽怯而放棄，這必須是一種理智的決定。知難而退或是以退為進，都是尋找生活平衡點的良策。正如《如果知道理由，我可以做任何事》一書的作者芭芭拉・謝爾所說的那樣，「不要因為害怕而放棄，不要因為不能集中注意力而放棄。」

我們要勇敢地去追求自己的理想和人生目標，做熱愛的工作，做喜歡的事情。

事業成功者的偉大之處，不一定在於他們可能擁有比普通人更高的智慧，但一定在於他們懂得充分利用有利於自己的一切條件。他們選擇了適合自己發展的道路，並適時地放棄該放棄的東西，促使自己的聰明才智發揮到極致。這就是他們留給我們最好的生活教材。

聰明地放棄，不僅是一種智慧，也是一種藝術。讓我們在現實生活下學會多幾分智慧、多幾分勇氣，聰明適時的放棄一些東西，多給自己一些選擇的機會，找到適合自己的那片天地。

好的改變，新的開始

▼讓自己改變，去適應環境是一種生存的方法。

得到不是目的，而是過程。

人生真的不過如此。當你在一個安逸的環境中沉湎得太久，一切都已成定局，你只是順著生活的習慣在走路，心中已沒有了追求事業和成功的熱切渴望。

所有的東西都靜如止水，沉入接近真空的狀態，曾經的稜角和銳氣被磨平……

這樣的人生是悲哀的，注定在事業上庸庸碌碌，一無所成。正是因為清楚地知道這個道理，一個人可以放棄安逸的工作，選擇具有挑戰性的道路，儘管周圍全是反對的聲音和等著看你笑話的人，但有一個聲音告訴你要改變自己突破現在，人生的精彩在改變中！

一個人會改變，是因為自己經歷增長了以後，對事情的看法和做事的方式就會漸漸發生變化。

但並不是每個人都會朝著理想的方向轉變，有的人會因為受到挫折而頹廢喪志，放棄自己的夢想，成為失敗者，潦倒度日；有的人則在生活的歷練中變得更加成熟穩重，更加淡定，對自己的信心越來越充足，生活和事業也越來越順遂。

為什麼人的轉變會產生這麼大的不同呢？因為他們面對生活的態度不一樣，他們從所遇到的挫折中解讀出來的內容不一樣。面對挫折，有的人不願作出改變，一味地怨天尤人，所以久而久之自己的鬥志被消磨殆盡；但是對那些堅強面對生活的人而言，他們遇到挫折會積極思考應對策略，想辦法變得更強，讓挫折在自己面前失去威力。所以他們始終能夠微笑地面對生活，成為別人羨慕的對象。

想要過得好並不難，只要用心、只要願意，就會讓自己變得更好、更強，生活也會因此更加垂青於你。

沒有人天生注定成功，他們也是在人生道路上不斷學習，不斷調整自己的步伐，向著更好的方向轉變，最終才能夠成就眼前的輝煌。

畢業於新聞編輯專業的樂文，竟然進入時尚雜誌社工作，跌破了很多人的眼鏡，因為她一直以來專精的部分與時尚一丁點關係都扯不上。

另一方面也因為她相貌平平，置身在美女如雲的時尚雜誌社裡，更顯得格格不入。雜誌主編是一個非常刁鑽的人，動不動就會炒助理的魷魚，活脫脫就是電影《穿著PRADA的惡魔》的翻版。

所以這份工作對她而言是極大的挑戰，但是她並沒有因此放棄自己的工作，而是選擇改變，讓自己在最短的時間內融入時尚圈子。

這種改變並不是口頭說說而以，需要付出代價，樂文犧牲了很多下班和假日的時間來整理自己不熟悉的助理工作；而且針對自己對時尚瞭解不多這一點，她也結交了很多時尚圈的朋友；廣泛地閱讀時尚雜誌，提高自己對時尚的理解；在穿著打扮方面也做了很大的改變，同事們看她如此認真努力，也慢慢地接受了她。

兩年後，樂文已經成為一個自信滿滿的助理，而且舉止優雅，已經完全不見一開始涉足時尚圈那種青澀，主編對她也非常滿意。

說起自己的變化，樂文這樣跟朋友說：「人有時候不得不面對很多你從沒有碰過的環境，是讓環境適應你還是讓自己改變去適應環境？我想很多時候後者是一種生存的方法，因為有時候環境很殘酷，不可能按照你的意願變化，所以，我們能做的就是讓自己改變，適應環境。改變是需要付出代價的，我們要改變，就要虛心學習，向周圍的人學習優勢彌補自己的短處，這樣才能讓自己變得越來越好。」

從樂文的身上我們看到改變帶給一個人的驚喜，所以，當面對挫折或者挑戰的時候，不要害怕顛覆自己已經擁有的東西，要勇敢地改變自己，讓自己朝著理想轉變，一個拒絕改變的人只能在原地徘徊，無法再欣賞到更美麗的風景。

在過往的歲月中，相信你一定也非常努力地追求過很多東西，比如財富、名望、愛情、尊嚴……你得到了嗎？

在生活中你或許有過這樣的經歷：

面對自己愛的人卻不敢言婚姻，一旦談到也給自己很多理由不進入婚姻，同時覺得自己已經付出了全部的愛，儘管你內心也很清楚明白，你能給她最好的愛就是婚姻所帶來的依賴感和責任感，只是你太害怕改變現狀，哪怕現在的孤單生活也已經是索然無味！害怕改變現狀使你駐足於美好生活的門外。

而在事業上你又會發現付出了很多努力，卻好像離成功越來越遠，這就是因為你沒有在適當的時候改變自己，有很多時候，人是怕改變現狀的，這是人的惰性和慣性使然。

絕大多數人生活在過去的習慣裡，儘管這些東西也許早該拋棄，但就是怕自己不習慣而懶得去改變，不敢去接受新的事物和新的生活方式。你一定要記住：你現在之所以會處在這個境況，起因於自己過去所抱持著的想法。所有的成功都起源於做轉變的決心。

堅持錯誤的觀念、固執不願改變，即使再努力，恐怕也體會不到成功的喜悅。

明智的做法應該是從改變自己開始。只有勇於改變自己，才能讓事業和生活的軌跡脫離原來的固有模式，朝著新的方向馳騁。

改變自己其實就是不斷地充實自己，許多人害怕改變，就是因為他們沒有信心掌握新的自我，這種觀念一旦積澱過久，便會讓人失去挑戰的勇氣而無法去創新，更加沒有機會取得成功。

Chapter 06

換個方向，吃苦也算是吃甜

有一種糖，剛開始吃的時候，非常苦，
可是只要堅持一會，外面的苦層化掉之後，
剩下的部分就格外甜了。
如果因為受不了苦味而早早地把糖丟棄，
那麼就嘗不到後面的甘甜。
人生就是一塊苦味糖，先苦後甜，
或者苦甜參半才是它真實的滋味。

吃苦是福，境由心生

▼沒有吃不了的苦，只有享不盡的福。吃苦就是福！

古語說得好：「自古英才多磨難。」回顧歷史，我們會發現，許多名人志士都很注重在逆境中培養堅忍不拔的意志。

清代作家曹雪芹，出身官宦世家，但他卻從不貪圖富貴安逸，獨處陋室，在牆壁上寫下了「富非所望不憂貧」的座右銘，激勵自己潛心創作。

孔子的高徒顏回，家境貧寒，屋舍破陋，臥在席上只能蜷著身子取暖，他處在這樣的逆境裡卻自得其樂，學有所成。

這些名人之所以能取得成就，與他們在艱苦環境中所經歷過的的磨練密不可分。放眼現實，我們又何嘗能完全避開吃苦的經歷呢？正如孟子所言：「天將降大任於斯人也，必先苦其心志，勞其筋骨，餓其體膚，空乏其身」，只有經歷了困苦之後，才能真正樹立起面對艱難的信心。

「不經一番寒徹骨，焉得梅花撲鼻香？」

天空不只會蔚藍，雲朵不只是白色，草木不只有碧綠，花兒不會永遠綻放。從牙牙學語到風燭殘年，沒有幾個人是一帆風順的。換一種眼光看待生活的坎坷與痛苦，也許你會發現，吃苦是人生道路上的另一種幸福。

苦是人生不可缺少的元素，如果你沒有吃過苦，說明你的人生不是完整的，學會吃苦，懂得如何吃苦，你便能夠從中得到大收獲。苦，雖然折磨人，同時卻也是鍛鍊人最直接的方法。吃苦是一種資本，只有嘗過了人生的苦，才能收穫更加甘甜的果實。

一個在溫室中長大的孩子，沒有風雨的鍛鍊，沒有烈日的烘烤，很容易在一離開溫室的保護後，就因為承受不起惡劣的條件而被擊垮，這種現象同樣證明了適當吃苦是必要的。苦，鍛練了人的心智，磨練出人的意志，使人更樂觀地憧憬著美好，境由心生，路因此變得越來越好走。

孟子說：「天將降大任於斯人也，必先苦其心志，勞其筋骨，餓其體膚，空乏其身，行拂亂其所為，所以動心忍性，增益其所不能也。」吃苦是福，是成就一番大事業不可缺少的前奏。

在平原上生活著一種鵰鷹，這種鷹被稱為平原的「飛行之王」。然而成為飛行之王並不容易，它必須經歷一段其他鳥類從未吃過的苦頭才行。當小鵰鷹剛學會飛翔不久，母親便把它翅膀上大部分的骨頭弄斷，然後把小鵰鷹叼到山頂、樹梢等高處，從上往下扔，強迫小雕鷹忍痛飛翔。

困境中的小雕鷹有著強烈的求生能力，它受傷的翅膀依然可以扇動，幼年期的小鵰鷹骨骼有著很強的再生能力，受傷的翅膀在這樣的過程中得到更加嚴格的訓練，當它痊癒後，那雙翅膀猶如再生鳳凰，充滿神奇的力量。但是如果有好心人，把小雕鷹帶回家，包紮好傷口讓它慢慢養傷，那麼它就完全失去了吃苦的機會。等傷好了，把它重新放回平原上的時候，它就再也無法飛高了。吃苦其實是福氣，因為鵰鷹媽媽讓小鵰鷹吃苦，才使小鵰鷹得以擁有一雙神奇、充滿力量的翅膀，

人生是幸福和痛苦的複合體，我們無法保證誰的人生全是甜蜜，但我們

卻可以肯定每個人的人生都是幸福和痛苦的混搭。幸福可以給你美妙的感覺，而痛苦卻可以給你異於常人的翅膀。

世界著名畫家梵谷的一生歷經了萬般苦難，這個世界上或許沒有人可以真切體會他的苦痛。我們難以想像，是什麼樣的心境，讓他忍心用刮鬍刀割下自己一隻耳朵；我們更難理解，是什麼樣的苦難，讓他在麥田中對著自己的胃部開一槍，而且是不致命的一槍。兩天之後，這位畫家才在劇痛中去世。

或許他早已精神崩潰，或許他早就厭煩了這個苦難的人生，然而苦難卻又同時給了他曠世的創作靈感。這位年輕的畫家在他短短三十七年的生命中，獻出震驚世界的名畫。

早期的畫作中他總喜歡用荷蘭畫派的褐色調，但天生的熱情促使他拋棄荷蘭畫派的暗淡和沉寂；同時因為印象派對外部世界瞬間真實性的追求和他充滿主體意識的精神狀態相去甚遠，他也迅速遠離了印象派。在他的畫作中，並非以線條而是以環境來抓住對象。他重新改變現實，以達到實實在在的真實，也促成了表現主義的誕生。

歷史證明，這位生前一直不得志的畫家，在死後若干年終於得到了認同。他的作品《嘉舍醫生的肖像》如今在拍賣場上被喊出了超過八千萬美元的天價。這是作者的苦難賦予給這幅畫的價值。

吃苦是難免的。但無論你的遭遇如何辛苦，絕對要相信命運是公平的，你的苦有多大，它後面的甜就有多大。不要害怕吃苦，要從另一個角度來審視苦難，接受苦難。當你克服它的時候，就是自由翱翔的時候。

沒有吃不了的苦，只有享不盡的福。吃苦就是福！

苦盡甘來，生活之味

▼先苦再甜，日子才會津津有味。

有一句名言——「吃得苦中苦，方為人上人」。這簡簡單單的十個字，就足以回答一個問題：為什麼有的人成功，有的人失敗？

正如這句話所言，能夠吃苦耐勞的人，才有資格獲得成功，證明自己比其他人更有成就；一點苦也吃不了的人，是絕對不會成功的。不成功就不會有舒適的日子過，更享不了福。

那些整天好吃懶做的人，最後肯定會吃更大的苦，過著窮困的生活，甚至淪落到乞討度日。就算家產再多，沒有固定工作，不願維持家業，總是貪戀著神仙般的生活，不久之後，漸漸也會落得一分錢都沒有，一事無成只會坐吃山空的人，只能苟且地活在這個豐富多采的時代，卻永遠無緣去享受。每個人都一定要吃到苦，只不過是早晚的事而已。

勤勞的人早點吃到苦，那麼他的未來將會燦爛輝煌很有成就；相反地，總是盤算著如何才能夠不勞而獲的人，從不願努力，那麼他所要受的苦難將比勤勞的人多得多，最終會後悔一輩子。

人生就是一塊苦味糖，先苦後甜或者苦甜參半，才是它的真實味道，如果你因為無法忍受它的苦味而早早地放棄了希望，那麼人生的甘甜也將永遠不會到來。

貝里．馬卡斯跟隨父母從俄羅斯來到美國，全家在紐威克一個貧民區安頓了下來。母親常常告訴他：「對生活要有信心，總會苦盡甘來。」久患風濕病而無法下床行走的母親在馬卡斯出生後不久竟重新可以走路，這件事恰恰驗證了母親常說的這句話。

母親樂觀的生活態度潛移默化地影響著他的生活。

貝里．馬卡斯回憶道，雖然母親的風濕病一直都沒有完全康復，但她從不抱怨生命，甚至還會不時取下手上纏著的石膏繃帶，在寒冷的冬天為孩子們洗衣服，在炎熱的夏天為孩子們做飯。儘管生活艱辛，母親始終相信苦盡就會甘來這個道理。

馬卡斯從小就希望可以上醫學院，成為一名大夫。由於家庭的經濟考量，他就近選擇了路特格大學的紐威克校區，這樣便可以就近住在家裡而省下住校的費用。

馬卡斯開始了醫學預科課程，並取得了優秀的成績。

一天，系主任通知馬卡斯，已經為他爭取到了進入醫學院的獎學金，然而他自己還必須另外繳交一萬美元的學習費用。這筆錢對於當時馬卡斯的家庭狀況而言，這是一筆龐大的支出，他們無法負擔。於是，馬卡斯只好退了學，並決定到佛羅里達州去找工作。

回到家馬卡斯告訴了母親這個不幸的消息。母親的回答給了他勇氣：「孩子，不要失去希望，不要害怕吃苦，早晚有一天你會苦盡甘來的！」

後來，馬卡斯在餐館當了一年服務生，有了一定的積蓄後，他選擇了紐澤西州的藥學院繼續他的夢想。畢業後，他開始行銷藥品，這讓他接觸到了商品零售業，並開始喜歡上了這個行業，直到他跳槽到西部一個名為「便民」的商品零售公司，這時他才開始對自己的人生有了真正的想法。

在「便民」公司，他常看到不少喜歡自己動手裝飾和修補房子的人來買各種工具耗材，但他們總是無法一次就在同一家商店就買齊所有物品。一天，他突然有了一個主意：如果有家大商場，能把所有的裝潢耗材如廚衛設備、塗料、木材全都包括進來，對顧客而言豈不是更方便了嗎？要是所有經銷商都懂得怎樣修馬桶或怎樣安裝吊扇，豈不更好？這便是馬卡斯的夢想起源。

一九七八年某一天，老闆召見他時，馬卡斯便向老闆提出了自己的建議，希望可以把「便民公司」變成一家大型連鎖超市。然而，老闆卻認為這是馬卡斯在炫耀自己的能力，非但沒有接納他的意見，反而將馬卡斯給解雇了。

母親的話再次浮現在他的腦海中，他沒有被打倒，苦澀給了他更多的力量和勇氣，他決定放手自己做。馬卡斯利用這個被解雇的機會，決心自己當老闆，著手實現創立一個大型裝潢耗材超市的構想。

他的超市客層定位在人口眾多的藍白領階層，他們是會自己動手裝潢的主要客群，他的超市正好為這些人提供恰到好處的幫助。

於是，一個名為「家庭」的大型裝潢材料公司應運而生。

在馬卡斯的悉心管理下，這個材料公司的生意非常好，營業點已經遍及全美，甚至開始擴展至全球。

如今，馬卡斯已經七十二歲，也在零售業銷售市場上奮鬥了五十餘年。每當談及自己的成功，他總是謙虛地說，這沒什麼，只不過是我一路堅持走過，最終苦盡甘來。

每個人要克服的困難原本都差不多，關鍵只在於你怎麼看待這些困難。如果你把它看成是通向成功的大門去努力克服，那麼它們將成為登天繩，把你帶向一個成功的世界。如果你認為自己不用吃苦也能取得成功，認為那些「苦」是阻礙你前進的事物而拒絕不去對抗它，那麼你就會被它打敗，永遠也不知道成功是什麼，只能過著苦日子，永遠望著眼前已凋謝的花瓣，幻想繁華綻放時的美麗。

人的理想就是成功的目標。如果你認為自己是天才，所以遇到困難總是不去跨越它，那麼就肯定成功不了；如果你認為自己不夠優秀所以總是追求完美，遇到困難就勇往直前克服困難，把它們當成一股力量，收服它們，使自己更強，那麼成功的曙光遲早會落在你身上。

總之，先苦再甜，日子才會津津有味。

苦是人生，以苦為師

▼苦難對於弱者是無底深淵，但對於有能力的人來說卻是一筆財富。

苦難能造就堅強的人生，與富貴相比，貧窮更能夠使人堅韌不拔，更能振奮精神和活力，磨練高尚的品德和情操。富有挑戰精神的人總是希望能夠多遇到一些困難，他們認為只有這樣才能展現出他們的品德和天賦。他們視挑戰困難為樂事，從中獲得鼓舞和力量，在戰勝困難的過程中感受著自己人生的價值。

約翰·布里敦是《英國和威爾斯的美人》一書的作者。他出生於金士頓一個非常貧寒的家庭，父親曾經做過麵包師父和麥芽製作工，生意被人鬥垮後，還為此發了瘋。那時候布里敦還是個孩子，幾乎沒有受過教育，幸好，他並沒有墮落。

早年，他在叔叔家的酒廠裡工作，幫著裝酒、上瓶塞、儲存葡萄酒，一晃眼五年過去了，他突然被叔叔逐出門。五年來，他只攢了幾個硬幣，靠著這點錢他度過接下來七年的漂泊生涯。即使經歷過種種災難和不幸，他仍在自傳裡寫道：「我住在貧寒的地方，一星期只賺十八便士，但是我沉迷在學習中，冬天晚上就在床上看書，因為我沒有錢生暖爐。」他徒步來到巴斯，找到一份管窯的工作，不久又離開來到大城市，當時他身無分文，甚至沒襪子可穿。

他終於在倫敦酒店又找到了一份同樣管窯的工作，從早上七點到晚上十一點一直等在酒窖裡。這種漆黑的環境，加上過度的勞累，使他的健康開始出問題。幸而過去那些年來，他一直利用空閒的每一分鐘看書並練習寫作，所以後來，他找到了一份與法律事務相關的工作，每星期的工資為十五先令。在這個期間，他仍舊抽空逛書攤，買不起書就站在那裡看，累積了很多知識。過了幾年，他又換了一家律師事務所，工資也漲到了一星期二十先令，但他仍然堅持看書學習。

二十八歲時，他出版了自己的第一本書：《皮薩羅的求職經歷》。從那一年起直到去世將近五十五年的時間裡，布里敦一直從事文學創作。他出版的作品達八十七部，其中最重要的是《英國大教堂的古代風習》，總共十四卷，是一部偉大的作品。這部作品本身就代表了約翰·布里敦不知疲倦的勤奮風格。

苦難是人生的導師。我們雖然沒有經歷過像約翰·布里敦一樣的苦難，仍然應該有意識地鍛鍊自己，塑造堅韌品格。

苦難是一所大學，凡成大事業者都是從這所學校合格畢業的學生，經歷了苦難的磨練，你才能夠更加強壯。很多人看到成功人士的光環時，便開始埋怨人生不公，這些人只看到了美好的一面，卻沒注意到他們也是從風雨中走過來的。沒有經歷風雨又怎麼能看到美麗的彩虹？停止抱怨吧，敢於接受苦難的磨練才是成功者該有的氣魄。

最幸運的人，一定也經歷過最大的苦難。如果苦難不能使他們低頭，那麼就會助他們成功。當一個人突然陷入困境，只能靠自己的努力才能擺脫，這時候往往會出現意像不到的品格和意志。歷史上最偉大的政治家、思想家、文學家，無不是一生伴隨著坎坷踉蹌而行。許多才華橫溢而又品性善良的人們，失敗的原因也僅僅是因為成長的道路上沒有出現可以磨練他們的挫折。

所以，苦難對於弱者來說是無底深淵，但對於一個有能力的人來說，卻是一筆財富，甚至是成為偉人的墊腳石。拉梅奈說：「不懂得苦難裨益的人，並未過著聰明而真實的生活。」沒有苦難的折磨，就不會有崇高思想的生成。苦難是我們伴隨生與死折磨後，最有益的財富。林肯幼時喪母，初戀情人早逝，夫人精神歇斯底里，中年喪子，後又死於謀殺，是痛苦和厄運成就了林肯獨特的思想境界。

世人或許很容易看到偉人們的痛苦，卻未必能明白偉人們在痛苦中所領悟的境界。昂貴的痛苦和厄運，往往讓一個人成了偉大的人。茨威格說：「命運總是喜歡讓偉人的生活披上悲劇外衣。命運就是用它最強大的力量考驗最強大的人物，用荒謬的事變對抗他的計劃，使他們的生活充滿神祕莫測的諷喻，在他們前進的道路上設置重重障礙，以便讓他們在追求真理的征途中鍛鍊得更加堅強。命運戲弄著這些偉大人物，但這是有補償的戲弄，因為艱苦的考驗總會帶來好處。」

苦難是人生下來就注定的，這是人生必須相信的哲理。有了這樣的信仰，無論受到多大的磨難，你都能堅強地走過去。陽光總在風雨後，走過迷霧，陽光就會普照大地。

天有不測風雲，人有旦夕禍福。苦難和機遇對於每一個人都是公平的，而他們往往也是同時出現的，很多人因為害怕苦難而把機遇也關在門外。苦難並不可怕，可怕的是逃避。看那些碌碌無為之輩，因為苦難而哭泣，因為不順利而驚慌，應該奮起反抗的時候卻一蹶不振，絲毫沒有鬥爭的激情，最終被打擊得一敗塗地。再看那些成功的人，他們微笑地面對苦難，勇敢地接受鍛鍊。他們深諳人生的哲理和智慧：苦難既然是成功必經的磨難，那麼就讓暴風雨來得更猛烈些吧！

一份絕境，一份機遇

▼你應該由衷感謝的不是順境，而是絕境。

如果你認為自己一生不可能會陷入絕境，那只證明你正在走向絕境的路上。

如果你已經陷入了絕境，那麼就證明你已經得到了上帝的垂愛，即將獲得改變命運的機會。如果你已經走出了絕境，回首再看看，你會說你從未發現過，原來自己可以比想像中偉大、堅強、聰明。

如果你已經成功了，你應該由衷感謝的不是順境，而是絕境。

處在順境中，你收穫的雖然是象徵財富的東西，然而大部分時間裡，你其實正不斷喪失著生命中原始的豪邁和激情。順境是一種麻醉劑，讓你在不知不覺中從呼嘯山林的獸中之王轉變成懶貓，讓你莫名其妙從將軍變成奴隸。

絕境僅僅是一段距離、一個門檻和一次洗禮，同樣也是一次轉折、一次省悟和一次昇華。在絕境中你往往能突破自我，超越常規，成就連你自己都不曾想過的神話。絕境才是你的資本，是可以證明自己的機會。

一個人只要不甘於平庸，在改變現實的過程中，都會遇到各式各樣的難題、阻力和麻煩。人為製造的、客觀存在的和偶然發生的，都會讓你感到時不我予英雄氣短的無奈，讓你有窮途末路求救無門的尷尬。人生之所以要有絕境，是因為你必須突破、必須挑戰。所以身陷絕境時，不要詛咒。

巴爾扎克説：絕境是天才的晉身之階，信徒的洗禮之水，能人的無價之寶，弱者的無底之淵。絕境是你錯誤想法的結束，也是你選擇正確做法的開始，你不在絕境中發跡，就在絕境中淪落。

山窮水盡疑無路，柳暗花明又一村。很多時候，我們可能也會遇到絕境，這時候悲觀的人便會自怨自艾，不採取任何行動，只是蜷在絕境中等待失敗的判決；而樂觀的人即使遇到了無路可走的絕境，依然不會被打倒，他們有信心在這一團迷霧中找到他們人生的「又一村」。一個成功的人，即使面對著絕境，也會尋找到可以發揮自我優勢的機會。國內外歷史長河中的偉人們，無不是在看似無路可走的絕境中，重新找到了實現自我價值的路。

一九五九年，美國人維瑞爾與妻子羅娜和六個孩子去沙漠遠足，他們沒有在人們經常往來的道路上行駛，決定鋌而走險，彎進一條小路上進行沙漠探險。由於事先並沒有通知親人他們的去向，所以當汽車走出六百米就無路可尋，通信設備又出現了故障的時候，他們陷入了沒有任何支援的絕境中。維瑞爾一家面對這樣的絕境，當然沒有失望地等死，他們積極地尋找求生的機會。

由於維瑞爾在轉彎時撞到一塊有尖角的石頭，因此碰壞了水箱。水從水箱中白白地流光了，維瑞爾一家人不但陷入了無路可走的境地，而且最糟糕的是沒有充足的飲用水和糧食，僅有水箱裡殘存的一點混有防凍劑的冷卻水。為了解渴，連這點水也被他們一人一口喝完了。妻子羅娜沒有放棄求生的希望：她讓孩子們在汽車的陰影下休息，以保持體力；與丈夫將兩條毯子裁成條狀，組成求救信號；還卸下倒車鏡準備借用陽光的反射向空中的飛機發出求救信號；將備用的輪胎浸透了油以便隨時點燃求救；將四個輪胎放在地上準備採集清晨的露水。她發現沙漠表層下幾公分處比較陰涼，便將孩子們的身體埋在沙子裡，將他們的臉部用東西蓋上。她還折斷近處的一棵樹枝，剝去樹皮吸樹液；由於中午氣溫過高，孩子們臉上的皮都破了，夫妻倆就收集小便，用布抹在孩子的臉上藉以降溫；由於找不到水源，他們就將仙人掌切開在火上烤，吸水滴來解渴。在這樣炎熱的絕境中堅持了三天，終於有搜救隊發現了他們的求救信號，把他們救了出來，八個人雖然歷經了生命的險惡，還是全數安全地獲救了。沒有一個人放棄生命。

人的生存意志是非常強烈的，平時我們可能感覺不到它的存在，然而當遇到絕境的時候，它便會被激發出來。所以遇到絕境時，我們不能失去希望，要冷靜下來分析境況，尋找機會，找出解決問題的方法。

自古英雄多磨難。一個平凡人成為英雄，是由於挫折和磨難使然。因為英雄和平凡人的區別就在於：英雄在逆境中抓住了機遇，在絕境中創造了奇蹟。而平凡人在逆境中選擇了隨波逐流，在絕境中選擇了放棄。

所有事，都是成也在人敗也在人。失敗者並不是天生就比成功者差，成功者處在逆境中，只是比失敗者多了堅持一分鐘，多走了一步路，多思考了一個問題。

他山之石，可以攻破。他人之事，我事之師。多觀察別人的腳步，我們至少可以少走點冤枉路，少跌個跟斗。多一個想法，就可以多一道門，多一個機會。切記，多一次逆境，就多一分成熟；多一次絕境，就多一次機遇。

吃得最苦，坐得最高

▼不付出超越常人的努力，就收穫不了超越常人的成功。

吃苦是一種美德，好像一個人沒有吃過苦，就沒有來到世上一樣。小時候，老師一直培養我們要有吃苦精神，跟隨著時代的變遷，苦這杯酒有了更稠的濃度。

古來勵志的故事很多，從頭懸樑、錐刺股，到臥薪嘗膽，我們好像一直都過著苦日子。這苦，越吃越光榮，不吃苦就成不了大氣候，不吃苦，便不能成功——不成功，便成仁——一代又一代，我們總是被這個句子牽著鼻子走：有志者，事竟成，破釜沉舟，百二秦關終屬楚；苦心人，天不負，臥薪嘗膽，三千越甲可吞吳。

苦難鍛鍊了人生。無數成功者的例子都告訴我們這個道理：吃得最苦，坐得最高。成功哪有那麼簡單，不付出超出常人的努力，就收穫不了超越常人的成功。

從小我們就以懸樑刺股的故事自勵自勉，事實上這個故事來源於兩個歷史人物。東漢時候，有個人名叫孫敬，是東漢著名的政治家。據說他年輕時非常好學，經常關起門，獨自一人不停地讀書。每天從早到晚讀書，常常廢寢忘食。讀書時間長，勞累了，還不休息。

當其他人都躺在床上舒服地睡覺時，他總是在伏案看書。時間久了，畢竟還是會疲倦得直打瞌睡，他怕影響讀書學習，就想出了一個特別的辦法：用一根繩子，將頭髮綁在房子的橫樑上。每當打瞌睡時，頭一低，繩子就會牽住頭髮，頭皮就被扯痛了，這樣他就會清醒過來，可以繼續讀書。在戰國時期，有個人名叫蘇秦，是戰國時期的政治家。他年輕的時候，由於學問不多，未曾受到重用，而且家人對他也很冷淡，這些狀況深深地刺激了他。於是他下定決心，發奮讀書。他常常讀書讀到深夜，為了克服疲倦，他準備一把錐子，一打瞌睡就用錐子往自己的大腿上刺一下。猛烈的疼痛會把他的疲倦趕走，才可以繼續讀書。數年以後，他果然才識過人，成為歷史上受人敬仰的政治家。

當然，講述這些名人傳記並不是要你必須做到懸樑刺股才可以成功，這樣的做法或許在現代並不合適。然而，這些故事卻告訴我們成功並非那麼容易，他們的背後都曾經忍受並經歷過苦痛和磨難的。我們經常只看到成功者頭上耀眼的光環，殊不知他們是「吃得苦中苦，方為人上人」哪！他們在背後也曾付出千倍於我們的努力，才得以成為我們所敬仰的名人。

在晉代，車胤從小好學不倦，但因家境貧困，父親無法為他提供良好的學習環境。為了維持溫飽，沒有多餘的錢買燈油供他晚上讀書。為此，他只能利用太陽下山後的時間背誦詩文。某個夏天晚上，他正在院子裡背一篇文章，忽然見到許多螢火蟲低空飛舞，一閃一閃的光點在黑暗中顯得非常耀眼。他想，如果把許多螢火蟲集中在一起，不就成了一盞燈嗎？於是，他去找了一個白絹縫成的袋子，抓了幾十隻螢火蟲放在裡面，再紮住袋口把它吊起來。雖然不怎麼明亮，但還是可以勉強用來看書。

同朝代的孫康也是如此，由於沒錢買燈油，晚上不能看書，只能早早睡覺。但是他覺得這樣實在浪費了很多時間，一天半夜，他從睡夢中醒來，把頭側向窗戶時，發現窗縫裡透進一絲光亮。原來是大雪映出來的光，正好可以利用它來看書。於是他立即穿好衣服，取出書籍，來到屋外。天氣很冷，孫康的腳和手都凍僵了，可是他依然堅持讀書。這種吃苦的精神讓他的學識突飛猛進，終於超越那些有錢的富家子弟，成為飽學之士。

吃得苦中苦，方為人上人。王曦之是一千六百年前晉朝的大書法家，被人們譽為「書聖」。在浙江紹興戒珠寺內有個墨池，傳說就是當年王曦之洗筆的地方。

王曦之七歲便開始練習書法，十七歲時他便閱讀過父親祕藏的前代書法論著，一邊看就一邊練習寫，據說他每天坐在池子邊練字，送走黃昏，迎來黎明，不知道寫完了多少墨，寫壞了多少筆。他每天練完字就在池水裡洗筆，日子一久竟將一池水都洗成了墨色。

「吃不了苦」是時下年輕人的通病，他們總是對目前的工作感到不滿，想找一個既輕鬆又能賺大錢的工作。結果往往沒等到好機會降臨，寶貴的年華就已經虛度了。所以，對於初出茅廬的社會新鮮人來說，唯有以勤補拙，任勞任怨，迅速提高自己的實力，才能發展前途，就像幼鳥學飛一樣，別嫌窩巢太小，唯有勤練，把翅膀練硬了，自然海闊天高，任我翱翔。做生意賺大錢也是同樣的道理。

在絕境中尋覓求生的機會，在負重時抓住解脫的繩索，在痛苦中挖掘幸福的感覺，在繁忙中體會休閒的樂趣。這是自己可以選擇，人都有做這樣選擇的本能，也是應該要修練的境界。把握住它，你就找到了奮鬥的動力，成功的階梯，進而找到生命的意義！

人生低谷，蓄勢待發

▼真正把你壓在谷底的五指山，是自己悲觀、絕望的人生態度。

摔倒了就要爬起來，別忘了再抓一把沙子。每個人在自己有限的生命中，都會經歷大大小小不同的坎坷和挫折，有的人碰到了挫折便從此一蹶不振，而有的人卻能以最快的速度調整好自己，並能從中收穫寶貴的人生經驗。

也可以說，人生就是一條波浪線，有眾多的曲折起伏，高峰低谷相互穿插才譜寫出生命之歌。處於高峰時，面對輝煌，每一個人的表現都是幸福的，沒什麼區別；然而當人生的低谷出現時，智者和愚者就表現出了截然不同的做法：智者即使跌到最低，依然懷抱希望，做好準備，跌倒了有什麼好可怕，只要明天還在，希望就還在，在哪跌倒了就從哪爬起來。

無臂蛙王蔡耀星，十六歲那年因為工作誤觸高壓電，導致手臂嚴重受傷而必須截肢。一個晴天霹靂般的傷勢讓他的人生跌入了谷底，對於一個健全的人而言，有什麼比失去雙臂更悲慘的呢？

隨著親人的離去，蔡耀星必須學會獨自面對人生。他並沒有對生活失去希望，因為沒有手，他便學小狗那般用嘴直接吃飯；因為沒有手，他不得不用腳趾、嘴巴、樹枝才能慢慢地穿上衣服；對他而言，兩隻腳便代替了失去的手。很快地，他便學會了用腳和其他工具配合完成洗臉、刷牙、洗頭、寫字、看書、梳頭、上廁所等生活瑣事。別人眼中看到的驚奇，是他用十幾年的時間慢慢練出來的，每一天都混合著他辛苦的汗水，別人一個簡單的動作，他甚至需要半天才可以完成。今年，在大陸全國「炬光十大傑出青年」頒獎典禮上，蔡耀星光榮地上台接受屬於自己人生的獎盃。從失去雙臂的那一天開始，或許他就為了今天的榮譽而準備著。他的身體雖然是不完整的，可是人生卻比我們大部分健全的人要完整得多。

韜光養晦，厚積薄發——我們每一個人都有這樣的權利，即使當我們跌入人生谷底的時候，我們依然有權利、有希望去累積我們的能量，等待爆發的那一天。

喜歡看偵探小說的朋友或許都聽過《菲洛．萬斯探案集》，然而對於他的作者，美國推理小說之父——范達因的人生經歷，你或許就很陌生了。這個成功的小說家並非如我們想像中的那般來自於顯赫的家庭，相反，他出生在美國一個再普通不過的家庭，由於家境的限制，他沒有什麼出國深造的經歷，大學畢業以後，他便進入社會謀職養家。最初，他在一家雜誌社上班，也會常常在報紙上發表文章，年輕的他雄心萬丈，非常敬仰海明威那樣的文學作家，把這樣的成就視為人生的理想。然而，少年不得志，幾年過去了，雖然他發表了不少文章，但仍然沒沒無名，沒有人知道他的存在。他甚至對自己的能力產生了懷疑，覺得自己或許並不適合寫作。

後來，他和雜誌社老闆之間意見出現了分歧，老闆一怒之下，把他開除了。他又開始四處求職，不過很不順利，工作一直沒有著落，那一年他的生活簡直是一團糟。一天，他忽然暈倒，於是他不得不去醫院檢查。醫生說他得了一種怪病，而且這種病在短期內沒法痊癒，需要長期住院觀察，同時還叮囑他，住院期間，應該休息，不能用腦過度，尤其長時間的閱讀非常不利於恢復。這個消息如同晴天霹靂，把他的人生打入了谷底，他甚至有些絕望了。

日子慢慢過去，然而病情卻絲毫不見好轉。他想，總不能就這樣等死，他要做點事情，為人生留下點什麼。於是他想起醫生的話：長時間的閱讀不利於恢復，那麼他一次只花短短的時間來看點閒書總可以吧。於是他找來很多文學作品包括愛情、推理、生活等類別的小說，書籍給了他心靈的安慰，也開導了他的身心。

由於精神上得到了慰藉，他的病情也隨著好轉。兩年以後，當他完全康復離開醫院的時候，竟然已經閱讀過兩千本小說。這些書籍同時也給了他巨大的創作靈感，於是他開始著手寫推理小說，他住院的短短兩年，同時也是無意中潛心準備的兩年，他從沒料想過收穫可以如此驚人，這一次，他成功了，《菲洛·萬斯探案集》成為世界推理小說史上的經典巨著，全球銷售量達到了八千萬冊。

或許貧窮、疾病、殘缺、失敗都可以把你打落山谷，但卻不可能把你壓在谷底，真正的五指山是自己悲觀、絕望的人生態度。所以，當你跌入最低谷的時候，要堅強地告訴自己沒什麼了不起，順勢給自己一個充分的準備期，一切隨時都可以從頭再來過。

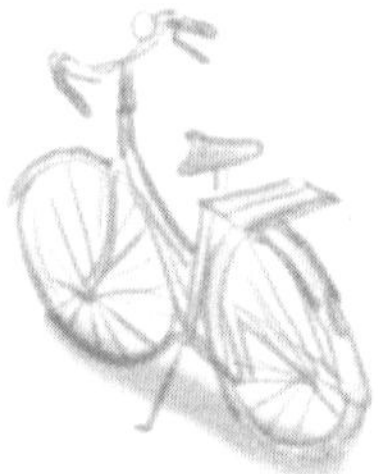

Chapter 07

積極行動，
把人生看做競技場

在人生的競技場上，只有積極行動的人，
才能成為真正的贏家。
在競爭的道路上，肯定不是一帆風順的，
我們會遇到不如意和麻煩事，
這個時候聰明的人不但不會一蹶不振，
還會充滿自信，懷著堅定的意志，發揮自己的實力，
在哪裡跌倒了就從哪裡爬起來。
一個人有勇氣堅持方向，堅定地走自己的路，
敢於夢想敢於實踐，就是一個很了不起的人。
在適當的幫助下，他就一定能夠活出自己的精彩，
在人生這個競技場上成為當之無愧的冠軍。

哪裡跌倒，哪裡爬起

▼一個失敗的人，如果繼續努力，打算贏回來，那麼他今天的失敗，就只是暫時的失敗。

青年守則中有一條說：「失敗為成功之母。」這聽起來似乎是老生常談，但說得簡單做起來卻不容易。當你的成績單上出現紅字，或是在工作中遇到困難時，你心中是否除了沮喪，別的一無所有？你是否意識到這失敗之中孕育著成功的種子呢！對此，每個人的回答肯定不一樣！

世上少有一帆風順的事，而失敗卻隨時會有，否則，那些「發明家」、「文學巨擘」的美名豈不太過輕易地落到他們的頭上？其實，每個人在實現夢想的過程中都會經歷失敗，失敗並不可怕，可怕的是你有沒有在失敗之後再爬起來的決心。在哪裡跌倒就在哪裡爬起來，沿著原來的方向繼續往前走，總有到達目的地的一天。

綜觀歷史，那些出類拔萃的偉人之所以會取得成功，正是因為他們能正確對待失敗，從失敗中獲取教訓，最後踢開這塊絆腳石，從失敗之處爬起，踏上了成功的大道，比如偉大的發明家愛迪生，一生的成功不計其數，一生的失敗更是不計其數。他曾為了一項發明，經歷八千次失敗的實驗，但卻從不認為這是個浪費，他常說：「我為什麼要沮喪呢？這八千次失敗至少使我明白了這八千個方法是行不通的。」這就是愛迪生對待失敗的態度。他總是從失敗中吸取教訓，總結經驗，取得一項項建立在無數次失敗基礎之上的發明成果。失敗固然會給人帶來痛苦，但也能使人有所收穫；它既向我們指出工作中的錯誤和缺點，又啟發我們逐步走向成功。

但是，哪裡跌倒，哪裡爬起來，說起來似乎沒有什麼困難，但是真正做到的人卻很少。因為讓自己接受失敗，再次樹立起被打擊的自信心，的確是件困難的事情，但是如果你想成功，就必須具備在哪裡跌倒就能在哪裡爬起來的勇氣，因為在成功的路上，摔跤是再正常不過的事情。

大部分人的一生都不會一帆風順，難免會遭受挫折和不幸。但是成功者和失敗者非常重要的一個區別就是，失敗者是摔了跤以後，就害怕再次跌倒，沒有勇氣爬起來；而成功者則會爬起來繼續往前走，因為他們明白只要多走一步，也就距離成功更近一點。一個失敗的人，如果繼續努力，打算贏回來，那麼他今天的失敗，就只是暫時的失敗。相反的，如果他失去了再次戰鬥的勇氣，那就是真的輸了！

美國百貨大王梅西也是一個很好的例子。他於一八八二年生於波士頓，年輕時出過海，後來開了一間小雜貨鋪，賣些針線，但店面很快就倒閉了。一年後他又另外開了一家小雜貨鋪，仍以失敗告終。

在淘金熱席捲美國時，梅西在加州開了個小餐館，本以為供應淘金客膳食是穩賺不賠的買賣，豈料多數淘金者一無所獲，什麼也買不起，這樣一來，小餐館又倒了。回到麻州之後，梅西滿懷信心地又做起布匹服裝生意，這一回他不只是倒閉，簡直是徹底破產，賠了個精光。不死心的梅西又跑到新英格蘭，還是一樣做著布匹服裝生意。這一回時來運轉了，他的生意做得很有心得，甚至開起了專賣店。頭一天開張時帳面上收入雖然只有一千一百○八美元，但如今位於曼哈頓中心地區的梅西百貨公司，已經成為世界上最大的百貨公司集團之一。

梅西沒有因為幾次的失敗就沒有信心再去做買賣了，相反地，他一直在努力嘗試，失敗了再來，跌倒了再爬起來，即使破產了，也沒有動搖他的決心，最終他成功了，成了美國的百貨大王。有句古話叫做：天將降大任於斯人也，必先苦其心志，勞其筋骨，餓其體膚。這就是說成功的人必定要經過一些波折，只有百折不撓的人，才能在最後嘗到最甜美的果實。

然而，在現實中「哪裡跌倒，哪裡爬起」並不是說成功是失敗的累積，成功應該是總結並超越所有的失敗。如不明白這一點，就會以為「失敗越多越成功」，這是一個很荒謬的結論。比如數學上有名的平行公理，自從它問世以來，就不斷地遭到專家們的懷疑。幾千年來，有數不清的數學家致力於求證平行公理，但卻都失敗了。數學家波里埃，終身想證明平行公理，卻毫無成就，最後抑鬱而終。這個問題當時就像無底洞一般，多少數學家窮盡畢生精力與智慧想要獲得一個答案，卻終究淹沒其中。羅巴切夫斯基在經過七年求證而毫無結果之後，終於找出了失敗的原因。他重新分析失敗的前因後果，從基本的角度重新認識這個問題，提出與平行公理不相容的陳述，創立了羅式幾何的平行公理。他是第一位提出不同見解的人。由此可見，「失敗為成功之母」是一條客觀的規則，但真要把失敗向成功轉化，將假設變為事實，還必須經過不斷的探索和科學的分析，從失敗中吸取教訓，作為今後工作的引導，這樣才算沒有「白白」地失敗。

人們在工作中容易失敗，也容易灰心，因此，我們只有牢記「失敗為成功之母」這一名言，樹立起堅定的自信心，從哪裡跌倒，就從哪裡爬起，才能從失望中看見希望，從失敗走向成功。

堅定信念，永遠不遲

▼人生從來沒有真正的絕境，只要信念還在，希望就在。

有人問我，什麼是人生，什麼是信念？

我回答他，你見過參天的大樹嗎？如果說人生是參天的大樹，信念就是挺立的樹幹。樹幹一倒，大樹則傾；信念一失，人生則危。

信念就像是一根脊椎，支撐著靈魂不倒，支撐著人生的軀幹；信念是盞明燈，照亮充滿期盼的心靈，照亮人生的殿堂；信念是個路標，指引著前進的方向，指引著人生的道路。

信念是《神曲》中的貝阿德麗采，帶領著「我」走入神聖的天堂；信念是《老人與海》中的馬林魚，幫助老人與鯊魚展開殊死的搏鬥。

人生需要信念，如同花草需要養分。

沒有養分，花草就會枯萎、死去。即使苟活，也只不過是殘紅、慘綠，再也沒有生機與活力。

有一年，一支英國探險隊進入撒哈拉沙漠的某個地區，在茫茫的沙漠裡跋涉。陽光下，漫天飛舞的飛塵像炒紅的鐵砂一般，撲打在探險隊員們的臉上。口渴似炙，心急如焚——大家的水都沒了。

這時，探險隊長拿出一隻水壺，說：「這裡還有一壺水，但穿越沙漠前，誰也不能喝。」

一壺水，成了穿越沙漠的信念之源，成了求生的寄託目標。水壺在隊員手中傳遞，那沉甸甸的感覺使隊員們瀕臨絕望的臉上，露出堅定的神色。

終於，探險隊頑強地走出了沙漠，掙脫了死神之手。大家喜極而泣，用顫抖的手轉開那壺支撐他們的精神水源。然而，緩緩流出來的，卻是滿滿的一壺沙子！

炎炎烈日下，茫茫沙漠裡，真正救了他們的，又哪裡是那一壺假裝成水的沙子呢？若非是他們執著的信念，如同一粒種子，在他們心底生根發芽，又如何能領著他們走出絕境。

事實上，人生從來沒有真正的絕境。無論遭受多少艱辛，無論經歷多少苦難，只要心中還懷著信念，那麼總有一天，他就能走出困境，讓生命重新開花結果。

人生就是這樣，只要信念還在，希望就在。

六名礦工在很深的地底下採煤礦，突然，礦井坍塌，出口被堵住，礦工們頓時與外界隔絕了。大家你看看我，我看看你，一言不發，憑藉多年的經驗，他們一眼就能看出自己所處的險境。他們意識到自己面臨的最大問題是缺乏氧氣，如果使用得當，井下的空氣大概還能維持三個多小時，最多三個半小時。

外面的人當然都知道他們被困了，但發生這麼嚴重的坍塌，救援人員必須重新鑽井才能找到他們。

在氧氣耗盡之前他們能獲救嗎？這些老經驗的礦工決定盡一切努力節省氧氣。他們說好了要盡量減少體力消耗，關掉隨身攜帶的照明燈，全部平躺在地上。在四週一片漆黑的情況下，很難估計時間，幸好他們當中有人戴著夜光錶。

所有人都向這個人問時間：過了多少時間了？還剩下多長時間？現在幾點了？

時間就好像被拉長了一樣。在他們看來，兩分鐘過得比一個小時還長，每聽到一次回答，他們就感到更加絕望。

他們當中最資深的隊員發現，如果再這樣焦慮下去，他們的呼吸會更急促，到最後真的會要了他們的命。所以他要求由那位戴了手錶的同仁每半小時通報一次時間，其他人一律不許再問。

大家遵守了命令。當第一個半小時過去後，這個人就說：「過了半小時了。」大家都喃喃低語著，空氣中瀰漫著愁雲慘霧。戴手錶的人發現，隨著時間慢慢過去，通知大家最後期限的任務也越來越艱難。於是他擅自決定不讓大家死得那麼痛苦，他在通報第二個半小時的時候，其實已經過了四十五分鐘。

誰也沒有注意到什麼問題，因為大家都相信他。

在第一次說謊成功之後，第三次通報時間就延長到了一小時以後。他每次說：「又是半個小時過去了。」

另外五個人，也都各自在心裡計算著還剩下多少時間。手錶繼續走著，大家都怕聽到時間通報。外面的人早已加快了營救工作，他們雖然知道礦工們被困的位置，也明白氧氣還能供應多久，但要在四個小時之內救出他們卻是難上加難。

四個半小時過去了，救援終於來到，人們預期最可能發生的結果是找到六名礦工的屍體，但他們卻發現其中五人幸運生還了，只有一個人窒息而死，他就是那個通報時間的人。

戴錶的人知道準確的時間，所以他認為自己在三個半小時後肯定會死去，其餘五個人當然也同樣這麼認為，但是他們沒有聽到報時就認定了半個小時還沒到，所以他們堅持了更長的時間。這就說明在絕望之中，如果能保有堅定的力量，就足以支撐意志力，就可以創造奇蹟，這在某種程度上說明了心理暗示對人的影響是很大的。

所以，我們應該找到自己的信念，並始終把它記在心上，一定會獲得更大的成功。

人生需要信念，堅定的信念。人生的道路固然難以一帆風順，佈滿荊棘、充滿坎坷。但只要有堅定的信念，總會看到希望，看到曙光。

即使前方有再多的艱難困苦，即使前方的風浪再大，也會執著追求，無怨無悔。人生的價值並不在於成功後的榮光，而在於追求的本身，在於信念的樹立與堅持的過程。

信念風帆，高高揚起

▼人生之於信念，如同航船之於舵手、飛鳥之於羽翼。人生最可怕的敵人就是沒有堅強的信念。

人生之於信念，如同航船之於舵手。航船沒有舵手，就會在大海中迷失方向，就會在暗礁險灘中葬身，就會被驚濤駭浪所吞噬。人生沒有信念，就會在前進中迷失自我，生活變得暗淡無光，生命因此變得沒有意義。活著也只剩下一個軀殼，成為行屍走肉。

人生之於信念，如同飛鳥之於羽翼。飛鳥沒有羽翼，就不能展翅高飛，無法掠過長空，只能望空興歎。人生沒有信念，就不能獲得成功，不能實現夙願，只能怨天尤人，生命也就變得毫無價值。活著也只不過是渾渾噩噩，無所事事，像是無根的浮萍，隨波逐流。

堅定的信念不是與生俱來的。信念總是徘徊於堅持與動搖之中，總是徬徨於前進與退縮之中。信念的失去固然有外在的逼迫，固然有種種的無力與無奈，但主要還是在於自己。

外在原因永遠要靠內在起心動念才能起作用。正如信念的重塑雖然有外在的推動力，但最終還要靠自己去完成，任何人也不可能把信念深種在你的心中。

所以，努力揚起信念的風帆吧！

羅曼．羅蘭曾說過，人生最可怕的敵人就是沒有堅強的信念。

兩千多年前的漢朝著名史學家司馬遷，因「李陵事件」下獄，受了宮刑。應該說，人世間沒有比這更大的恥辱了。可是他沒有消沉，忍辱負重，臥薪嘗膽，專心著述整整十一年，終於寫成了《史記》，一本五十二萬字的鴻篇巨著。

信念的力量是強大的，當你有了自己的信念之後，它會在無形之中影響你，到最後你會發現自己轉變後的樣子，就是受自己信念的影響。

曾經，有一位生來就是駝背的波斯王子，在他十二歲的生日那天，父王答應送一件他希望得到的禮物。出乎意料的是，王子要的是自己的雕像，而那雕像必須有一個完美的軀體，挺直而美好。

雕像做好後，就放在宮廷的花園裡，每天早上起床後和晚上睡覺前，他都要跑到自己的雕像前佇立一會兒，並且自己對自己說：「這就是你，王子！這就是你長大後的樣子，挺拔的身軀，英俊的面龐。」就這樣，石雕的圖像成為他的夢想和信念。

晚上躺在床上，他把身子伸得更直些；白天走路時，他也努力將胸膛挺得更高些。日復一日，年復一年，王子堅持著自己的信念，等到他長大成人後，人們驚奇地發現，那個駝背的少年真的長成了一個英俊挺拔的青年。

波斯王子認定了自己就像雕塑的形象那樣完美，所以他讓自己朝著那個方向努力，長年的努力，讓他最終克服了自己的缺陷，成為一個英俊挺拔的青年。

在我住的社區裡，住著一對母女。母親在女兒兩歲多時罹患了癌症，醫生說最多只能再活幾個月。更不幸的事情又接踵而來，她的丈夫是開貨車的司機，在一次雨天運貨時車翻人亡。災難似乎決心要摧毀這個家庭，但這位母親卻為了女兒堅持住了。

事故處理後，她用所有的積蓄開了一間小雜貨店，發誓要讓女兒健康成長。

她一次次接受手術和化療，每次醫生都說：「可能只剩下幾個月的時間了。」

但她不甘心，她對自己說：「我必須活著，活到女兒大學畢業。」

她的病最終還是沒能治癒，但她卻因為一個堅強的信念，將死亡延遲了整整二十年。她是在看到女兒大學畢業，走上工作崗位兩星期後過世的。很多人，包括為她治療的醫生們，都深深為這位母親愛女心切所產生的信念力量，而感動不已。

這位母親憑藉的，就是堅定的信念，女兒是她的牽掛，所以她一定要把女兒撫養成人才能放心，就憑藉這樣的信念，她為自己的生命多贏得了二十年。這是多麼神奇的奇蹟啊！

信念是一個力大無窮的巨人，它可以創造出令人難以置信的奇蹟。每個人在自己的一生中，都會遇到困難和挫折，但只要有堅定的信念，你的生命就會煥發出燦爛的光芒。將信念風帆高高揚起，你一定可以航行得更遠。

人生如歌，信念如曲。沒有曲的歌永遠不能成為真正的歌，沒有信念的人生永遠都是沒有意義的人生。人生需要信念，有了信念，才可以使你撥開雲霧，見到光明，見到希望；有了信念，才可以使你乘風破浪，駛向成功的彼岸。

自己的路，堅定地走

▼人們經常會停滯在離成功還有一點點距離的地方，但是那個地方依然叫做失敗。

怎樣才能追求人生的幸福？最直接最普遍的途徑就是堅持走自己的路。重複別人的老路、輕言放棄，是很容易的。堅持自己認定的正確道路，堅定地走下去，你的人生將可以迎來另一片天空。

有些人往往喜歡走捷徑，走不通就會趕快換另一條路，結果換來換去，也許幾十年都沒有走完一條路，也從未做完一件事。忙忙碌碌走完了一生。愚公是英雄，他和他的兒孫們搬走了一座山；貝多芬也是英雄，他堅信耳聾也能聽到美妙的音樂。他們都是選定了自己的路，堅定地走下去，沒有因為遇到困難就想換另外一條道路。

在美國海關的一次拍賣會上，拍賣的是一批剛剛截獲的走私自行車。每次拍賣師叫價的時候，總有一個坐在前排的大約十歲左右的小男孩叫道，十塊。當然他只能眼睜睜地看著別人用二十塊、三十塊的價格把一輛輛嶄新漂亮的自行車買走。

漸漸叫價次數多了，拍賣師注意到這個每次只叫價十美元的小男孩，中場休息時，拍賣師走下來到小男孩面前問他為什麼只出十元。小男孩不好意思地說他只有十元。

休息時間結束後，拍賣會繼續進行，小男孩仍然每次只叫十元，仍然每次都看著別人把一輛輛嶄新的自行車推走了。終於到最後一輛自行車了，這是拍賣會上最好的一輛自行車——車的前排有兩盞燈，全自動的剎車和可多檔變速的功能，車身在燈光下閃閃發光。

拍賣師開始叫價了，不過這回全場沒有一人應價，現場靜悄悄的，拍賣師叫第二遍了，還是沒人應價，第三遍，那個小男孩這時也幾乎絕望了，他看著那輛全場最好看的自行車，最終還是小聲地叫了出來：十塊。

全場的人都聽到了，拍賣師把錘子重重地敲下去，大聲地說，如果沒人再叫價的話，這輛多變速的自行車就屬於這位身著短褲，T恤的年輕小伙子了。

全場頓時響起了如雷的掌聲……

其實，我們都可以像小男孩一樣，堅定地走自己的路，成功和喜悅一定會屬於你！

美國著名電台廣播員莎莉．拉菲爾在她三十年職業生涯中，曾經被辭退過十八次，可是她每次都放眼最高處，確立更遠大的目標，仍然堅持自己的選擇。最初由於美國大部分的無線電台認為，女性不能吸引觀眾，因此沒有一家電台願意僱用她。好不容易，她在紐約的一家電台謀求到一份差事，但不久又遭辭退，說她跟不上時代。莎莉並沒有因此而灰心喪氣，她檢討過失敗的教訓之後，又向國家廣播電台推銷她的談話節目構想。電台勉強答應了，但提出要她先在政治台主持節目。「我對政治所知不多，恐怕很難成功。」她也一度猶豫，但堅定的信心促使她大膽去嘗試。她對廣播早已駕輕就熟了，於是她利用自己的長處和平易近人的作風，大談即將到來的七月四日國慶日對她自己有何種意義，還請觀眾打電話來暢談他們的感受。聽眾立刻對這個節目產生興趣，她也因此而一舉成名了。

如今，莎莉・拉菲爾已經成為電視節目的製作人兼主持人，也曾兩度獲得重要的主持人獎項。她說：「我被雇主辭退過十八次，本來會被這些厄運嚇退，做不成我想做的事情。結果相反，我讓它們鞭策我勇往直前。」

她是一個堅持走自己的路的人，她沒有因為被辭退過十八次就懷疑自己的選擇，反而更加激發了她證明自己的勇氣，在經過了那些失敗之後，她有機會開始嘗試，進而做到最好，成了聞名的節目主持人。

選擇一條路很容易，但是要堅持在這條路上走到最後，就不是一件容易的事，如果你向目的地邁出了九百九十九步，卻沒有堅持著邁出那最後一步，你依然是失敗的，目的地只有一個，再近的點也不是終點，那些在距離終點很近的地方停下了腳步的人，多麼可悲！

二十世紀五〇年代，有一位女游泳選手，她發願要成為世界上第一位橫渡英吉利海峽的人。為了達成這個目標，她不斷地練習，不斷地為完成這個歷史性的夢想而準備著。

這一天終於來臨了。

女選手充滿自信地昂首闊步，然後在眾多媒體記者的注視下，滿懷信心躍入大海中，朝對岸英國的方向前進。旅程剛開始時，天氣非常好，女選手很愉快地向目標挺進。但是隨著越來越接近對岸，海上起了濃霧，而且越來越濃，幾乎已到了伸手不見五指的程度。女選手處在茫茫大海中，完全失去了方向感，她不曉得到底還有多遠才能上岸。她越游越心虛，越來越筋疲力盡。

最後她終於宣佈放棄了。當救生艇將她撈起時，她才發現只要再游一百多米就到岸了。眾人都為她惋惜，距離成功就那麼近了。

她對著眾多的媒體感慨地說：「不是我為自己找藉口，如果我知道距離目標只剩一百多米，我一定可以堅持到底，完成任務的。」

是的，也許她再堅持一點點就取得成功了，但就是差這麼一步，結果截然不同。人們經常會停滯在離成功還有一點點距離的地方，但是那個地方依然叫做失敗。

堅定地走自己的路，就要耐得住寂寞，耐得住打擊，那是一種在任何情況下都不放棄的態度，是一股不達目的決不罷休的韌性。想要閃耀出自己的精彩人生，就要有這種態度，就要有這股韌性。

相信自己的選擇，堅持走自己的路，這是人生必須達到的一種境界。

專注堅持，方能成功

▼專注並堅持做下去，是實現任何目標唯一的聰明做法。

儘管我們面前有風有雨，甚至波浪滔天，我們也應該以意志為帆，信念為舵，駕駛著生命之船去追求！只要我們堅持不懈，相信吧，人生即使只是一株小草，也能開出美麗的花朵！

堅持才能成功，有很多事情不是一朝一夕就能完成的，甚至在進行的過程中還會遇到各種困難，阻礙你前進的腳步，這時候最需要的就是專注與堅持，只有這種力量才能讓你一步一步朝前走，越來越接近終點。

提起已故的台灣首富王永慶，幾乎無人不知，無人不曉。他把台塑集團推進到世界化工業的前五十名，被譽為台灣的「經營之神」。而在創業初期，他做的還只是賣米的小本生意而已。

王永慶早年因家境貧窮讀不起書，小學畢業後就只好去做買賣。當時才十五、六歲的王永慶，從老家來到嘉義開米店，小小的嘉義已有近三十家米店，競爭非常激烈。當時僅有兩百元資金的王永慶，只能在一條偏僻的巷子裡承租一個很小的店面。他的米店因為創立的最晚，規模最小，更談不上有什麼知名度了。沒有任何優勢，在新開張的那段日子裡，生意冷冷清清，門可羅雀。

但是王永慶不氣餒，他相信，只要自己堅持下去，就一定能夠成功。

後來，王永慶背著米挨家挨戶去推銷，一天下來，人不僅累慘了，效果也不太好。但是，他仍舊沒有放棄自己的夢想，仍然繼續專注堅持著。他決定從米的品質下手。那時候的台灣，農民還處在手工作業狀態，由於稻穀收割與加工的技術落後，很多小石子之類的雜質很容易摻雜在米裡。人們在做飯之前，都要淘好幾次米，很不方便。但當時大家也都已經見怪不怪，習以為常。

王永慶卻從這個司空見慣的習性中，找到了切入點。他和兩個弟弟一齊動手，一顆一顆地將夾雜在米裡的米糠、石頭之類的雜物撿出來，然後再賣。一時間，小鎮上的主婦們都說，王永慶賣的米品質最好，省去了淘米時揀出小雜質的麻煩。就這樣，一傳十，十傳百，米店的生意日漸興隆了起來。

但是王永慶並沒有就此滿足，他知道，堅持自己的理想，並為之努力奮鬥，將可以贏得更大的成功。他仍然繼續為米的品質進行改進工作。那時候，顧客都是上門買米，自己運送回家。這對年輕力壯的客人來說不算什麼，但是對一些上了年紀的客人，就大大的不便了。然而在那個時代，壯年人必須忙於農務無暇顧及家務，上門買米的顧客多是家中的老年人。王永慶注意到這個細節，於是主動提出送米上門的服務。這個方便顧客的策略同樣大受歡迎。當時還沒有「送貨到府」的服務，增加這個項目等於是一項創舉。

就是靠著這份堅持，王永慶一步步走過來，創立台塑集團，成為了台灣首富，經營之神。

西華・萊德先生是個著名的作家兼戰地記者，他曾在一九五七年四月號的「讀者文摘」上撰文表示，他所收到最好的忠告是「堅持走完下一哩路」，下面是其中的一段文章：「第二次世界大戰期間，我跟幾個人不得不從一架破損的運輸機上跳傘逃生，結果迫降在緬印交界處的樹林裡。當時唯一能做的就是拖著沉重的步伐往印度走，全程長達一百四十英里，當時正是盛夏八月，不僅天氣酷熱，還有季風所帶來的暴雨侵襲，翻山越嶺長途跋涉。才走了一個小時，我就被長筒靴的鞋釘扎到腳了，傍晚時雙腳都起泡出血，範圍像硬幣那般大小。我能一瘸一拐地走完一百四十英哩嗎？別人的情況也差不多，甚至更糟糕。他們能不能走呢？我們以為完蛋了，但又不能不走。為了在晚上找個地方休息我們別無選擇，只好硬著頭皮走完下一英哩路……當我推掉其他工作，開始寫一本二十五萬字的書時，心一直定不下，我差點放棄一直引以為榮的教授尊嚴。也就是說，我幾乎不想做了，最後我強迫自己只去想下一個段落怎麼寫，而非下一頁，當然更不是下一章。整整六個月的時間，除了一段一段不停地寫以外什麼事情也沒做，結果居然寫成了。幾年以前，我接了一件每天寫一個廣播劇本的差事，到目前為止一共寫了兩千個。如果當時簽一張『寫作兩千個劇本』的合約，一定會被這個龐大的數目嚇倒，甚至把它推掉，好在只是寫完一個劇本之後，接著又寫一個，就這樣日積月累，真的寫出這麼多了。」

「堅持走完下一哩路」的原則不僅對西華・萊德很有用，當然對你也很有用。專注並堅持做下去，是實現任何目標唯一的聰明做法。最好的健身方法是「一天又一天」堅持下去。我有許多朋友用這種方法堅持自己的健身計劃，成功的比例比別的方法高。很多人總是一次給自己制定詳細的健身計劃，但是一開始做，就覺得很難堅持，能夠成功的唯一方法就是每天堅持多跑一會，時間久了就會習慣這種方式，這樣最終就能實現自己的健身目標。

作為平凡的人，我們也有自己的夢想，但是有多少人堅持了自己的夢想呢？如果你對自己的夢想很執著，非常想實現它，那麼，就專注於自己的夢想吧，堅持走下去，即使遇到挫折與失敗，也不要放棄，要知道專注與堅持是實現夢想最好的方法！

敢想敢做，舞出精彩

▼要想成功，就要敢於夢想更要敢於將自己所想的付諸行動。

任何一個有成就的人，都有勇於嘗試的經歷。嘗試就是探索，沒有探索就沒有創新，沒有創新就不會有成就。所以說，一個敢想敢做的人才能擁有絢爛精彩的人生。

查爾斯・凱特林說「勇於嘗試，那麼在某件事上栽個跟斗可能是預料之中的事；但是，從來沒有聽說過，任何坐著不動的人會被絆倒。」

敢想敢做，可能注定要歷經一些挫折，但是那些沒有勇氣去將自己所想的付諸行動的人，永遠都體會不到行動的樂趣，即使是挫折也是自己的一筆寶貴財富。所以要想成功，就要敢於夢想更要敢於將自己所想的付諸行動。

成功人士大都有三個共同的特點：一是敢想，二是敢做，三是能做。敢想並不是毫無根據的亂想，而是要有自己明確的目標，這件事情，必須是你真的希望實現的；敢做不是違法亂紀，不擇手段，而是一種執著的態度，不達目的決不罷休的韌性，能做的人往往也不需要有太高的天賦，只要你願意，就能夠成為那個能做的人。

溫州商人王均瑤是中國大陸第一個擁有私人包機的人。他的成功就是由自己當初的大膽想法開始的。

一九九一年春節前夕，當時還是溫州金城實業公司駐長沙辦事處主任的王均瑤，趕回家過年，因為買不到火車票，就與幾位同鄉包了一輛大巴士回家。

回溫州的山路不好走，汽車在一千兩百多公里的漫長山路中顛簸前行，可把一行人都累壞了，王均瑤隨口感嘆了一句：「坐車回溫州還真慢！」旁邊的一位老鄉挖苦說：「飛機比較快，你包飛機回家好了。」說者無心，聽者有意，別人聽來像一句譏諷，卻是王均瑤的當頭棒喝。這位喜愛思考的年輕人開始反問自己：「土地可以承包，汽車可以承包，為什麼飛機就不能承包？」只是一個普通雇員的王均瑤決定大展伸手一番。

儘管遭受到不少的白眼，王均瑤義無反顧地踏上了「包機」的道路。他獨自一人花了很長一段時間籌劃，而後又進行了長達八九個月的走訪、市場調查，與有關部門的溝通。首先，他說服了當地民航局：溫州到長沙的航班客源充足。

他調查到至少有一萬左右的溫州人在長沙做生意，並且溫州商人不僅把時間看做金錢，還把精力消耗當作一項經營成本。另外，為了消除民航局對於經營風險的擔憂，王均瑤採用了「先付錢、後起飛」的合作模式：「我先把幾十萬元的押金押給你們，等於每次先付錢，後起飛，這樣你們就不用擔心了。」這句話打動了民航局的心。

在跑了無數個部門、蓋了無數個章之後，溫州和長沙之間的包機航線終於開通了。

一九九一年七月二十八日，對王均瑤來說是個值得紀念的日子。隨著等一架民航客機從長沙起飛，平穩降落於溫州機場，歷史就被王均瑤改寫了。一時間，中國及美國、新加坡、日本等國際新聞媒體競相報導，稱此舉是中國大陸民航為擴大開放邁出可喜的一步。

「那是我生命中最重要的一天。我的個人形象、人生目標都改變了！如果說人生是個大舞台，那一天，作為一名演員，我終於甄選過關，被允許登上舞台。」王均瑤這樣評價他在商場上的首次重要演出。

他的想法被當時的人看成是白日夢，但是敢想的他並沒有讓自己的理想止於想像，而是積極地去把自己的想法變成實際行動，所以憑藉自己敢想敢作的韌性，他成功了，成為人們關注的焦點人物。

二十世紀八〇年代，英國牛津大學物理系博士邁克在學校從事教職時，經常有公司請他推薦一些物理專才。他敏銳地意識到，為什麼不建立一個專門推薦人才的公司呢。當時他也一直有創業的想法，可是一直苦於不知該建立哪種類型的企業。

為此，他特意作了一些調查，發現市場上出租行業十分興旺，有出租房屋的，有出租服裝的，有出租車輛的，有出租警衛的，幾乎無所不包。邁克想：出租人才這樣的業務型態尚未風行，如果我能辦一家這樣的出租公司，那些需要我推薦專才的公司就可以解決問題了，而且我也可以從中受益。

邁克決定成立一家人才出租公司，他立刻在倫敦租了一間辦公室，僱用了幾個員工，就這樣一個簡單的人才出租仲介就成立了。為了讓人們接觸到這一獨特的仲介機構，他在報刊登出廣告：「人才支援公司徵求及出租各類專業人才，服務時間長短均可，誠信服務，歡迎惠顧。」

廣告刊登之後，很多人才、專家都紛紛到「人才支援公司」進行註冊，有工作的人願意在業餘時間做些兼職工作，失業者則希望能透過這個機構找到滿意的工作。邁克將應徵者的情況逐一詳細登記，並請他們靜候聘請通知。

那些需要專業人才的企業，看見這則廣告後，也踴躍前來租用專業人員，邁克則從中進行恰當的調配和安排，使雙方各得所需。這項業務很快就開展起來。

邁克從這個「出租人才」的創新切入點出發，在當地建立了首家「人才支援公司」。如今，它已招攬了六萬名各類人才，他們中有化學、生物、電器、環保各類專家等。人才支援公司成為有名的人力銀行企業，被招攬的專業人員透過適當的分配都得到了施展才華的機會。當然，敢想敢做的邁克本人是這個創新企業的最大受益者。

敢想敢做就是開拓。魯迅先生曾經說過，其實地上本沒有路，走的人多了，也便成了路。所以他十分讚賞「第一個吃螃蟹的人」，型狀醜惡，又會用螯傷人，第一個吃蟹的人一定很有勇氣。正如那些走在人類前進道路上披荊斬棘的人。

人生的轉變不是靠別人帶給我們機遇的，而是自己要善於思考，更要善於把自己所想的化為實際行動，只有這樣，你才能有更多的機會去改變自己的人生。

尋求幫助，合作出金

▼五個手指，長短粗細各不相同，握緊了就是一個堅硬的拳頭。

「好風憑借力，送我上青雲。」人際交往，互利互惠。幫助別人，就是在自己的人情信用卡上儲蓄，特別是在人患難之際施予援手，救落難英雄於困頓。真心助人，其回報不言而喻。在現代社會中，合作雙贏已經是時代的趨勢。只有懂得合作，借助他人力量的人，才能在社會中嶄露頭角。

現代社會已經走向一個必須合作的時代，憑藉一個人的力量能夠完成的事已經越來越少了，很多事情都是需要透過別人的幫助，大家共同合作才能完成。所以，那種「凡事自己來」的想法在這個時代已經行不通了，只有透過合作才能實現利益最大化。

英國能成為世界強國，海運事業的高度發達是重要原因。酒吧、咖啡廳等休憩地點成了這些闖蕩大海的人們最喜歡去的地方。一九六〇年，勞埃德在英國的泰晤士河邊開了一家咖啡館。很快，這家咖啡館就成了船老闆、商人、船員等聚會的地方，很多消息都在這裡交流，這裡成了一個訊息集散地。

他們在這裡暢談海外的奇聞軼事，回首航海中的風雨歷程。這裡有喜怒哀樂，悲歡離合。高興的人慶賀自己一帆風順，滿載而歸；悲傷的人哀嘆自己海上遇險，血本無歸。

一天，咖啡館老闆勞埃德聽到一個海員在喝咖啡的時候說，有一個義大利隆巴底人在研究開發海運保險。這隨隨便便的一句話，在勞埃德的心中卻掀起了波瀾。他想：我何不利用現在的條件，與這些老顧客們聯手試試看海運保險呢？

他把計劃告訴別人，很多人都說，這是很危險的，大海無情，海浪很容易就可以把一條大船掀翻，你賠得起嗎？這豈不等於是拿著英鎊往大海裡扔！

他感到有些猶豫，又不斷地諮詢那些從事海上貿易的老闆，老闆們對此都很感興趣。接著很多船長、船員、貨主、商販等紛紛表示，如果哪個人願意來做做看海運保險，他們都會參加。這些人觀點明確，在有了保障的前提下，誰都想碰碰運氣，即使失敗了，也不會血本無歸。

有了這些人的支持，勞埃德終於下了決心。保險業開始的時候是不需要很多資金的，只要物色好了辦事人員，就可以開張了。不久，一家「勞埃德保險公司」就在泰晤士河畔成立了。

很顯然，他的保險生意一下子就起來了，昔日一個小小咖啡店的老闆，搖身一變，成了保險業的領軍人物。

勞埃德保險公司的發展是很迅速的，他除了海運保險，還發展到火箭發送、人造地球衛星、受到戰火威脅的超級油輪，電影明星特殊保險等業務。真是無所不保，無奇不有。

正是因為勞埃德在關鍵時刻，向周圍的老主顧詢問、打聽、探討海運保險，向他們尋求幫助，才能最後成為保險業的巨頭。

有一位叫做羅伯特・克里斯托弗的美國人，他想用八十美元環遊世界，並堅信自己能夠實現。於是，羅伯特找出一張紙，寫下他八十美元環遊世界的準備工作：

設法領取到一份可以上船當船員的文件；去警察局申請無犯罪記錄的證明；取得美國青年協會的會員資格；考取國際駕照，並準備一份國際地圖；與一家大公司簽訂合約，提供其各個國家或地區的土壤樣品；和一家航空公司簽訂協議，可免費搭機，但要拍攝照片為該公司做宣傳。當羅伯特完成上述準備後，年僅二十六歲的他就在口袋裡裝好八十美元，開始自己的全球旅行。

以下是他旅行的一些經歷：

在加拿大巴芬島的一個小鎮用早餐，不付分文，條件是為廚師拍照；在愛爾蘭，他花了其中四十八美元，買了四箱香煙，他送給一位船長一箱香煙，條件是讓他從巴黎坐船到維也納；接下來從維也納到瑞士，列車穿山越嶺，只需要四包香煙；為伊拉克運輸公司的經理和職員拍照，讓他免費到達伊朗的德黑蘭；在泰國，由於提供給旅館老闆某一地區的資料，受到旅館貴賓式的招待；……

最終，羅伯特透過努力，他實現了八十美元環遊世界的夢想。用八十美元環遊世界，這是一件多麼不可思議的事情？但是羅伯特做到了，而且完成得很輕鬆，在整個過程中，他花最多精神的事就是尋求別人的幫助，讓別人來幫助他實現自己的願望，所以他做好所有的計劃，以八十美元實現了環遊世界的夢想，這就是一種成功者的心態。

還記得那個寓言故事嗎？天堂和地獄的區別在哪裡？同樣的銀製器皿裡盛著同樣美味的湯，同樣每個人手上都綁著很長很長的湯匙。不同的是，地獄裡的人只顧著自己，即使湯匙長得無法伸到自己的嘴裡，他們還是那樣做，所以地獄裡的人都是愁眉苦臉的表情。而天堂則是另一種情景，他們互相幫忙，一個人餵另外一個人，所以每個人都能嘗到湯的味道，所以天堂中的人都是一副幸福的表情。這就是合作帶來的天差地別。只有經由互相幫助，才能得到更多收穫。

在我們現實生活中，「合作出金」更是屢見不鮮。

例如古時候商人們以物易物的形式多樣，既有親戚朋友間的互通有無，也有老鄉間的同心協力，更有商行間的相互扶持。概言之，以物易物是對商人合作精神的生動描述。

合作才能共贏，這是一條自然法則。非洲草原上，當水牛肩並肩、犄角一致對外的時候，再兇猛的獅子也會落荒而逃，這就是合作的優勢。

五個手指，長短粗細各不相同，握緊了就是一個堅硬的拳頭。同理，當今的時代，競爭形態各不相同，合作才是永恆的。所以，無論是個體還是群體，要有合作的精神，從別人那裡得到幫助，共同合作才能做出成績。

※為保障您的權益，每一項資料請務必確實填寫，謝謝！

姓名		性別	□男　□女
生日	年　月　日	年齡	
住宅地址	郵遞區號□□□		
行動電話		E-mail	

學歷

□國小　□國中　□高中、高職　□專科、大學以上　□其他________

職業

□學生　□軍　□公　□教　□工　□商　□金融業

□資訊業　□服務業　□傳播業　□出版業　□自由業　□其他________

謝謝您購買 幸福人生之前的八件事：百分之百與百分之九十九 與我們一起分享讀完本書後的心得。務必留下您的基本資料及電子信箱，使用我們準備的免郵回函寄回，我們每月將抽出一百名回函讀者，寄出精美禮物以及享有生日當月購書優惠！想知道更多更即時的消息，歡迎加入"永續圖書粉絲團"

您也可以使用以下傳真電話或是掃描圖檔寄回本公司電子信箱，謝謝！

傳真電話：（02）8647-3660　電子信箱：yungjiuh@ms45.hinet.net

●請針對下列各項目為本書打分數，由高至低5～1分。

	5	4	3	2	1		5	4	3	2	1
1.內容題材	□	□	□	□	□	2.編排設計	□	□	□	□	□
3.封面設計	□	□	□	□	□	4.文字品質	□	□	□	□	□
5.圖片品質	□	□	□	□	□	6.裝訂印刷	□	□	□	□	□

●您購買此書的地點及店名________

●您為何會購買本書？

□被文案吸引　□喜歡封面設計　□親友推薦　□喜歡作者

□網站介紹　□其他________

●您認為什麼因素會影響您購買書籍的慾望？

□價格，並且合理定價是________　□內容文字有足夠吸引力

□作者的知名度　□是否為暢銷書籍　□封面設計、插、漫畫

●請寫下您對編輯部的期望及建議：

廣告回信
基隆郵局登記證
基隆廣字第200132號

221-03
新北市汐止區大同路三段194號9樓之1
FAX：（02）8647-3660
E-mail：yungjiuh@ms45.hinet.net

培育
文化事業有限公司

讀者專用回函

幸福人生之前的八件事：百分之百與百分之九十九

培養文化育智心靈的好選擇